S.O.S., Jura en danger !
I. Darras

Editions Maison des Langues, Paris

COLLECTION INTRIGUES POLICIÈRES

Auteur : Isabelle Darras
Coordination éditoriale : Lourdes Muñiz
Révision pédagogique : Philippe Liria
Conception de couverture : Enric Jardí
Image de couverture : Max Tactic/Fotolia.com
Conception graphique et mise en page : Luis Luján, Veronika Plainer, Aleix Tormo
Activités : Cécile Canon
Enregistrements : Bernadette Martial
Réalisation et montage : Ton in Ton Medienhaus, Stuttgart
Musique : Selected Sound

© Photographies, images et textes
Chapitre 1 p. 9 eGuide Travel/Flickr, p. 10 Alexis Borg/Fotolia.com, p. 12 Raoul Schulte-Rohe/Fotolia.com, p. 13 Bluesky6867/Fotolia.com, p. 14 Lionel Fristot - Fotolia.com ; Chapitre 2 p. 16 Bea Busse/Fotolia.com, p. 17 Superjuju10/Wikimedia commons, p. 19 Italiapuglia73/Fotolia.com ; Chapitre 3 p. 22 Damien Goubeau/Fotolia.com, p. 23 Alainmantin/Fotolia.com ; Chapitre 4 p. 26 Alexander Mirokhin/Fotolia.com, p. 28 Victoria p./Fotolia.com ; Chapitre 5 p. 29 Eric Isselée/Fotolia.com ; Chapitre 6 p. 32 Lorentey/Flickr ; Chapitre 7 p. 35 Nouhailler/Flickr, p. 37 Maksym Gorpenyuk/Fotolia.com ; Chapitre 8 p. 38 Julien Carnot/Flickr, p. 40 Blende40/Fotolia.com ; Chapitre 9 p. 42 Riverwalker/Fotolia.com ; Chapitre 10 p. 45 Jgermain/Wikimedia commons ; Chapitre 11 p. 49 Harald Soehngen/Fotolia.com ; Chapitre 12 p. 51 Corey Chestnut/Fotolia.com ; Activités p. 56 Aurélien Antoine/Fotolia.com, p. 59 Fotoreutimann/Fotolia.com, p. 63 Jean-Paul Demolin/Fotolia.com, p. 65 Celinedu27200/Fotolia.com, p. 67 Jgermain/Wikimedia commons, p. 70 Frédéric Prochasson/Fotolia.com ; Dossier culturel p. 72 Prudkov/Fotolia.com, p. 73 Auremar/Fotolia.com, p. 74 Meailleluc.com/Fotolia.com, p. 75 Francois Lochon/Getty Images, p. 76 The Russian Negresco/Fotolia.com, p. 77 Rook76/Fotolia.com

N.B : Toutes les photographies provenant de www.flickr.com, sont soumises à une licence de Creative Commons (Paternité 2.0 et 3.0).

Basé sur *S.O.S., Jura en danger !*. © Ernst Klett Verlag GmbH, Stuttgart, Allemagne, 2009
© Difusión, Centre de Recherche et de Publications de Langues, S.L., 2012

Tous les textes et documents de cet ouvrage ont fait l'objet d'une autorisation préalable de reproduction. Malgré nos efforts, il nous a été impossible de trouver les ayants droit de certaines oeuvres. Leurs droits sont réservés à Difusión, S. L. Nous vous remercions de bien vouloir nous signaler toute erreur ou omission ; nous y remédierions dans la prochaine édition.

Toute forme de reproduction, distribution, communication publique et transformation de cet ouvrage est interdite sans l'autorisation des titulaires des droits de propriété intellectuelle. Le non-respect de ces droits peut constituer un délit contre la propriété intellectuelle (art. 270 et suivants du Code pénal espagnol).

ISBN édition internationale : 978-84-8443-894-6
ISBN édition espagnole : 978-84-683-0620-9

Dépôt légal : B-14042-2012
Réimpression : novembre 2019
Imprimé dans l'UE

www.emdl.fr

S.O.S., Jura en danger !

Nina passe ses vacances de Noël dans un petit village du Jura. C'est la montagne, la neige, le ski… Nina adore ! Mais un jour, lors d'une randonnée, elle découvre une décharge sauvage et décide de mener l'enquête !

S.O.S., Jura en danger !

Sommaire

Préface — **6**

Avant lecture — **8**

Chapitre 1 — **9**

Chapitre 2 — **16**

Chapitre 3 — **22**

Chapitre 4 — **26**

Chapitre 5 — **29**

Chapitre 6 — **32**

Chapitre 7 — **35**

Chapitre 8 — **38**

Chapitre 9 — **42**

Chapitre 10 — **45**

Chapitre 11 — **49**

Chapitre 12 — **51**

Activités — **54**

Dossier culturel — **72**

Glossaire — **78**

Préface

Chère lectrice, cher lecteur,

Le livre que vous avez entre les mains fait partie d'une collection de lectures progressives qui a pour objectif de :
- vous divertir en vous plongeant dans une intrigue policière faite de suspense et de rebondissements ;
- vous inviter à découvrir la richesse culturelle des villes et régions de France en vous présentant certaines de leurs facettes peut-être encore inconnues ;
- perfectionner votre maîtrise du français tant à l'écrit (grâce à cette lecture) qu'à l'oral (à l'aide du CD MP3 que vous trouverez en avant-dernière page de couverture).

Stratégies de lecture
Comment prendre plaisir à lire en français langue étrangère ?
Chaque lecteur étant différent, nous ne sommes pas en mesure de vous donner la recette idéale pour entrer dans le récit. Par contre, nous pouvons vous donner quelques conseils qui devraient vous être d'une grande aide.
- Ne recourrez pas systématiquement au dictionnaire et n'essayez surtout pas de traduire chaque mot. Faites plutôt appel à vos connaissances de votre langue maternelle ou d'une autre langue.
- Aidez-vous du contexte et de votre lecture des chapitres précédents pour comprendre de quoi il est question. Vos connaissances de la langue française sont, par ailleurs, certainement suffisantes pour vous permettre de comprendre l'essentiel. Et puis, les mots qui pourraient réellement vous poser problème sont annotés en bas de page.
- Essayez de visualiser ce que vous lisez. Un livre n'est pas une suite de mots imprimés. C'est avant tout une histoire qui raconte un moment de la vie des personnages, dans un lieu bien particulier. À vous d'imaginer ces personnages, de vous représenter leur façon d'être et le cadre dans lequel ils évoluent. N'hésitez pas à faire preuve d'imagination !

Et si celle-ci venait à vous manquer, les photos qui accompagnent les textes vous aideront à ressentir l'atmosphère dans laquelle se déroule l'histoire.

Apports culturels
Comment appréhender la diversité culturelle française ?
Pour approfondir votre découverte de ces petits coins de France, un dossier culturel vous attend en fin d'ouvrage. Il présente les atouts touristiques les plus pertinents de la ville ou de la région où se déroule l'histoire, les personnalités qui l'ont rendue célèbre, les produits phares de sa gastronomie, des recettes à réaliser et à partager entre amis... Ce dossier culturel vous donnera certainement envie de voyager en France.

Aspects pédagogiques
Pourquoi des activités après la lecture ou l'écoute du CD MP3 ?
Les activités proposées en fin d'ouvrage vous permettront de :
- vérifier que vous avez bien compris l'histoire ;
- développer vos connaissances lexicales ;
- renforcer vos connaissances grammaticales ;

et surtout apprendre de façon ludique.

À travers les activités « Projet Internet » et « Réflexion culturelle », nous vous invitons à explorer les nombreux sites Internet francophones à la recherche d'informations authentiques sur la ville et la région et à mettre en regard certains aspects de la culture française avec votre propre culture.

Considérez ce livre comme un ami qui vous accompagne un petit moment et qui viendra enrichir votre apprentissage de la langue française.

Et maintenant ? Place à la lecture de ***S.O.S., Jura en danger !***

Avant lecture

1. La couverture

a) Regardez l'image de la couverture. Décrivez-la en quelques mots.
_____

b) D'après vous, à qui appartient ce chien ? Pourquoi tient-il une bouteille dans la gueule ?
_____

c) Faites des hypothèses sur l'histoire.
_____

2. Le titre

a) Comprenez-vous le titre ? _____

b) Savez-vous ce qu'est un S.O.S. ? _____

c) D'après vous, qui envoie ce message ? Pourquoi le Jura est-il en danger ?
_____

d) Connaissez-vous le Jura ? Faites des recherches sur ce département français et notez-les dans le tableau ci-dessous.

géographie	climat	gastronomie	culture

3. La quatrième de couverture

L'intrigue policière.

Lisez le texte de la quatrième de couverture. Faites des hypothèses sur la personnalité de Nina. D'après vous, comment va-t-elle s'y prendre pour mener son enquête ? Réussira-t-elle à découvrir qui est responsable de la décharge sauvage ?

_____
_____

Lausanne est située à l'ouest de la Suisse et c'est une ville francophone. Elle comptait 1,75 million d'habitants fin 2006.

1 Nina Jacquet souffle. Elle est chargée comme un mulet[1] avec son gros sac à dos bleu et sa valise à roulettes. Elle descend pourtant vite l'escalier du lycée français de Lausanne, l'école française Valmont, où elle est interne depuis trois mois. Elle est si excitée à l'idée de partir en vacances de Noël ! C'est la première fois qu'elle rentre en France depuis qu'elle habite en Suisse.

Jusqu'à présent, le week-end, elle est allée chez sa mère à Genève, ou alors son père est venu passer quelques jours avec elle, à Lausanne.

Quand Nina sort du lycée, elle voit tout de suite son grand-père Pierre avec sa belle barbe blanche et, sur la tête, son éternel bonnet à pompon[2] rouge et blanc de montagnard. Il court vers elle.

— Papi ! s'exclame Nina.

— Bonjour, ma grande ! Tu portes ta maison sur ton dos ?

— C'est à peu près ça ! répond la jeune fille qui embrasse son grand-père.

Celui-ci l'aide à enlever son sac à dos et prend aussi sa valise. Pierre et Nina se dirigent tous les deux vers un minibus jaune immatriculé en France.

— Tu ne peux pas savoir comme je suis contente de te voir ! Ça fait longtemps qu'on ne s'est pas vu !
— Et moi donc ! Je me suis fait beau pour venir te chercher !
— Je vois ça. Mamie a inspecté tes vêtements avant de partir ?
— Bien sûr, tu la connais, Yvette !
— Tu m'attends depuis longtemps ?
— Septante secondes !
— Tu viens d'arriver, quoi !
— Oui, allez, monte dans le minibus ! Je mets tes affaires à l'arrière ! On a encore une longue route jusqu'à Longchaumois et avec toute cette neige, il vaut mieux ne pas perdre de temps !

Nina s'installe à l'avant quand, sur le trottoir, quelqu'un crie son nom.

Le village de Longchaumois.

La jeune fille aperçoit un garçon arriver en courant. Elle ouvre la portière. Il lui tend un petit sac.
— Charrette ![3] Je l'avais oublié ! C'est le sac où je mets mes affaires. Y'a mon appareil photo, mon MP4, mes jumelles[4]…

La jeune fille se met soudain[5] à chuchoter[6].
— C'est le sac dans lequel j'ai rangé tous mes cadeaux de Noël !

Heureusement que tu l'as trouvé… Merci, Fabio !

— Il a une Vévé, ton grand-papa, c'est bonnard[7], j'adore ! C'est mon rêve !

— Ah, bon ! Je croyais que tu voulais une voiture électrique !

Nina éclate de rire.

— Un vélo, c'est encore mieux pour limiter les émissions de CO_2. Bon, je te laisse. Adieu, Nina !

— Adieu, Fabio ! Joyeux Noël !

— Pareillement[8], Nina !

À ce moment-là, le grand-père s'installe au volant.

— C'est ton petit copain ?

— D'abord, en Suisse, on dit « bon ami » ! répond Nina.

Elle rougit.

— Mais, pour ton info, Fabio n'est pas mon bon ami ! Il est en troisième année de préparation à la maturité. Il passe son bac cette année, quoi ! C'est un copain, on se connaît parce qu'on est membres du club « Environnement et Nature ».

— Toujours écolo[9], alors, ma petite-fille !

— Plus que jamais ! D'ailleurs, pendant les vacances, j'ai un grand projet.

Nina explique qu'elle a décidé de sensibiliser les vacanciers à la protection de l'environnement. Avec son club, elle a réalisé un tract[10] qu'elle veut leur distribuer au départ des pistes de ski.

— Tu es vraiment une fille pas comme les autres ! dit Pierre. Mais tes activités écolos vont quand même te laisser le temps de m'aider un peu ?

— Tu veux dire : pour accompagner des groupes en promenade ou en randonnée ?

— Oui, cette année on a beaucoup de monde !

— Je suis toujours là pour toi, papi ! Et puis tes groupes, je vais les sensibiliser à l'environnement !

Le minibus quitte Lausanne. Nina regarde le paysage à travers la vitre[11]. Tout est blanc. Il ne manquera pas de neige cette année à Noël. Du canton de Vaud au Jura français, il a neigé tous les jours depuis quinze jours. Tout ce blanc rend Nina heureuse, pas seulement parce

S.O.S., Jura en danger !

qu'elle va pouvoir skier – elle adore ça –, mais aussi parce que la neige lui a toujours donné beaucoup d'énergie.

Comme chaque Noël depuis qu'elle est toute petite, elle passe le réveillon[12] chez ses grands-parents, Pierre et Yvette, les parents de son père François. Noël avec Pierre et Yvette, c'est toujours grandiose !

Là-bas, dans leur village du Jura, à Longchaumois, à une vingtaine de kilomètres de la station de ski des Rousses, Nina se sent chez elle. Ses grands-parents ont une grande ferme à l'extérieur du village. Dans la région, c'est un peu la règle : les fermes sont dispersées[13] dans le paysage. Nina adore cette sensation d'espace. Ça la change de sa vie de tous les jours à Lausanne. Sa chambre ne fait pas 10 m² ! Heureusement, Lausanne est une ville géniale. Nina adore courir au bord du lac Léman, avec ses copines. Elle ne connaît rien de plus apaisant[14] que le bord du lac !

Le lac Léman est le plus grand lac alpin d'Europe centrale. Il est situé entre la Suisse et la France.

PISTE 3

Nina aime beaucoup la Suisse. Là aussi, elle se sent chez elle. Sa mère est née dans la région, au bord du lac, à Nyon. Mais depuis le divorce de ses parents, il y a un an, Nina ne s'entend plus avec sa mère, Vanessa Schneider. L'adolescente n'a donc pas voulu suivre sa mère à Genève où elle travaille depuis cet été pour une organisation internationale.

S.O.S., Jura en danger !

Nina ne peut imaginer la vie en tête à tête[15] avec sa mère Vanessa, toujours à cheval sur[16] les principes. Résultat : entre sa mère et elle, c'est un peu la guerre froide. Pourtant, Genève, entre les Alpes et le Jura, plaît à la jeune fille. Nina adore s'y promener, surtout sur les allées de la plaine de Plainpalais, le samedi matin, quand antiquaires[17] et brocanteurs[18] installent leur marché aux puces[19]. Elle adore aussi prendre le tram jusqu'à Carouge, un petit faubourg[20] genevois.

Le Comté est un fromage de lait cru de vache à pâte cuite. Il se présente en meule de 55 à 75 cm pesant entre 32 et 45 kilos. Il faut environ 450 litres de lait pour produire une meule de Comté.

Si cela avait été possible, Nina aurait préféré s'installer chez son père, François Jacquet. Après son divorce, François a décidé de déménager et de changer de vie. Kinésithérapeute, il a quitté Annecy en Haute-Savoie, où toute la famille habitait, pour vivre à Poligny, une magnifique petite ville qui est le centre géographique du Jura. Là-bas, il a repris ses études : il apprend le métier de fromager pour fabriquer du comté, l'un des fromages du Jura les plus connus.

Avec François, Nina se sent sur la même longueur d'onde[21]. Ils aiment tous les deux la nature et les grands espaces. Nina a hâte[22] que son père vienne la retrouver à Longchaumois pour quelques jours de vacances.

À Poligny, Nina ne pouvait pas continuer ses entraînements de ski. Depuis trois ans, l'adolescente fait du sport à haut niveau. Nina a donc choisi. Après s'être documentée, elle a convaincu ses parents de la mettre en internat à Lausanne, capitale olympique, à mi-chemin entre Genève et le Jura. Les pistes sont à quelques minutes du centre-ville. Et les Alpes et le Jura sont tout près, même le Glacier des Diablerets à 3 000 m d'altitude, à la frontière avec la Suisse alémanique, n'est qu'à une heure de route.

S.O.S., Jura en danger !

PISTE 4

Quand il arrive à Nyon, le minibus jaune quitte l'autoroute puis s'engage sur[23] la « Route blanche » et ses virages très serrés[24]. Le véhicule monte lentement la pente enneigée et parfois verglacée. Derrière le volant, Pierre Jacquet fait très attention. Une erreur, et c'est l'accident.

À côté de lui, Nina admire le paysage sous son manteau de neige. On se dirait dans le Grand Nord. Le grand-père et sa petite-fille parlent peu. Ils écoutent des chansons de Barbara. Pierre sort de son silence quand une moto les double[25] :

— Il est fou !
— Tu n'aimes pas qu'on te double, c'est ça ?
— Pas du tout ! Mais cette route est devenue un cimetière[26] de motards. Ils viennent ici avec leurs motos faire des courses, ils se filment et montrent ça sur Internet ! Excuse-moi, mais je trouve ça bête !

Nina ne dit rien, mais elle est d'accord avec son grand-père. D'ailleurs, elle déteste les sports motorisés[27] et tout ce qui pollue[28] la planète.

Pierre est agriculteur, il a quarante vaches. L'hiver, il est en plus moniteur de ski[29]. Pendant quatre mois, il fait des doubles journées. Il commence à 5 h 30 le matin et s'arrête vers 21 h 30 le soir. À l'école de ski, tous les moniteurs de ski ont aussi un autre métier.

Bien sûr, Yvette aide son mari, mais elle s'occupe surtout du petit restaurant dont elle est propriétaire à Lamoura, un petit village à dix kilomètres de Longchaumois. C'est aussi à Lamoura que Pierre donne ses leçons de ski. Peut-être qu'après sa formation à Poligny, François décidera de venir travailler avec son père Pierre. Pour l'instant, il n'en a pas encore parlé à Nina.

Un moniteur de ski

Quelques minutes après Saint-Cergue et ses chalets aux couleurs de la Suisse, le minibus jaune de Pierre passe le poste frontière franco-suisse qui est, comme souvent, désert.

14

Nina sourit :
— Je suis de retour en France, se dit-elle.
Rien n'a pourtant changé dans le paysage qui est aussi magnifique côté français que côté suisse sauf que, tout à coup, la neige a cessé de tomber.
— Au fait, dit soudain son grand-père, j'ai une surprise pour toi !
— Ah, bon ! Laquelle ? demande Nina, curieuse.
— Il faut que tu attendes que nous soyons arrivés à la maison. Mais avant, on s'arrête quand même embrasser Yvette, non ?
— Oui, bien sûr !
Le minibus se gare devant *Les Tavaillons**, le restaurant d'Yvette.

---

* **Un tavaillon** est une planchette en bois qui permet de protéger les toitures et les façades des maisons contre les intempéries.

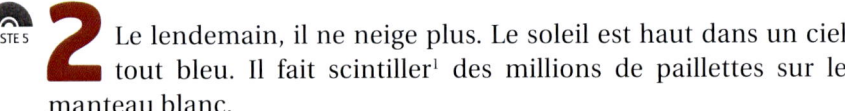

Un Samoyède aux yeux bleus.

Le lendemain, il ne neige plus. Le soleil est haut dans un ciel tout bleu. Il fait scintiller[1] des millions de paillettes sur le manteau blanc.

Nina n'attend pas plus longtemps pour aller faire du ski. Elle va rejoindre Lamoura à ski. Elle a mis dans son sac à dos les tracts qu'elle veut distribuer aux vacanciers. Les tracts expliquent pourquoi il ne faut pas laisser ses déchets[2] dans la nature, pourquoi il faut faire attention aux jeunes arbres et comment les vacanciers peuvent limiter les émissions de CO2. Nina veut mettre en pratique ses idées sur l'écologie et la protection de la nature.

Mais, derrière elle, quelqu'un n'est pas d'accord : c'est Java, le petit nouveau de la ferme, un chien de traîneau[3], un Samoyède, tout blanc aux yeux bleus.

C'est lui, la surprise annoncée hier par son grand-père ! Le sixième chien après Baloo, Artic, Sandy, Taïga et Oupsy. Nina les adore. Pierre lui a promis de lui apprendre à conduire un traîneau cette année.

S.O.S., Jura en danger !

Nina caresse Java et prend la direction des pistes de ski de fond[4]. Elle fait quelques dizaines de mètres à pied, puis peut chausser ses skis. Dès qu'elle s'élance[5], la sensation est unique. Un vrai bonheur ! Elle écarquille les yeux[6] au maximum comme si elle voulait faire entrer en elle toute cette beauté de la nature. Mais déjà, Nina a une raison de s'énerver. Au bord de la piste, elle voit des canettes[7] de jus de fruits. Est-ce que les gens ne savent pas que les canettes en aluminium ne sont pas biodégradables ?

Serra de Lamoura est une commune française, située dans le département du Jura et la région Franche-Comté. Elle est située en bordure de la Forêt du Massacre.

Elle les prend et les met dans son sac. Elle les jettera plus tard. Heureusement, jusqu'à Lamoura, la nature est belle. Rien ne vient déranger la sensibilité de la jeune fille. En ce début de journée, elle croise pourtant déjà de nombreux skieurs et des promeneurs en raquettes.
Malgré tout, elle éprouve[8] cette sensation unique d'avoir la nature pour elle toute seule.

PISTE 6

Après une dizaine de kilomètres, elle atteint Lamoura. Aux *Tavaillons*, Yvette travaille dans la cuisine. La grand-mère de Nina est une petite femme brune aux cheveux coupés courts et au regard noir.

— Alors, cette première sortie à ski ? demande-t-elle quand Nina entre.
— Génial ! Et toi, ça va ?
— Comme ci, comme ça. Il y a des vacanciers, mais pas sûr qu'ils aient de l'argent à dépenser… On va bien voir !
— Tu as besoin d'aide ?

Yvette sert un chocolat chaud à sa petite-fille, le plus délicieux du monde selon Nina. L'adolescente aime bien l'ambiance du restaurant. Depuis ses dix ans, elle a l'habitude d'aider sa grand-mère à la cuisine ou dans la salle. Parfois, c'est Pierre que Nina aide pour accompagner

17

des groupes en randonnée car la jeune fille est non seulement une très bonne skieuse, mais elle connaît aussi la région comme sa poche*.

— J'ai besoin de toi, répond Yvette, mais pas pour le restaurant. Tu connais Anne, ma voisine ?

— Anne ? Ta voisine dépressive ?

Yvette souffle.

— Oui, exactement. La fille de son nouveau compagnon est en vacances. Tu ne pourrais pas l'emmener avec toi ?

— Mamie !

— C'est pas facile pour Jeanne… Elle a ton âge !

— Elle skie au moins ?

— Ça, je ne sais pas.

— Mais je n'ai pas que ça à faire !

— Tu es un amour ! dit Yvette dans un sourire car elle sait que sa petite-fille finit toujours par l'aider.

Nina quitte le restaurant, un peu énervée contre sa grand-mère qu'elle adore, mais qui voudrait toujours aider la terre entière telle un bon Saint-Bernard ! La jeune fille rechausse ses skis et va vers les pistes. Elle décide de s'installer au pied du téléski à côté des skieurs qui font la queue.

Elle affiche son plus beau sourire et distribue ses tracts. L'accueil des gens est plutôt positif jusqu'à ce qu'une bande d'adolescents vienne la chahuter[9] et la traite de* « bonne sœur[10] verte ».

Ils sont cinq, deux garçons et trois filles. L'un des garçons, un jeune homme en blouson vert, la trouve bien naïve :

D'accord avec toi, la protection de l'environnement, c'est important. Mais c'est pas le mégot[11] que je jette par terre qui va détruire la planète !

Nina ne perd pas courage. Elle a lu un sondage dans un magazine qui indique que les moins de vingt-cinq ans sont ceux qui trient[12] le moins leurs déchets et qui agissent quatre fois moins pour la planète que les retraités.

— D'abord, un mégot pollue 1 m^3 de neige. Ensuite, c'est trop facile de ne rien faire… Si tout le monde vivait comme la moyenne européenne, il nous faudrait 3,4 planètes pour produire les besoins de toute la population…

Derrière l'adolescent, une fille brune arrive :

---

* **connaître comme sa poche** *(pop.)* : connaître très bien.
* **traiter qn de :** insulter qn

— Kévin, tu viens, c'est bon maintenant ! On y va ! dit-elle d'une voix un peu irritée.

— C'est bon, Cassandra. J'arrive !

Le garçon finit par monter sur le télésiège avec ses copains.

Il fait un dernier signe à Nina qui se demande pourquoi elle continue de le regarder. Le garçon va croire qu'elle s'intéresse à lui alors qu'il n'est vraiment pas son genre[13] !

Nina continue de distribuer ses tracts pendant une heure encore. Ensuite, elle décide d'aller faire du ski. Partir seule ne lui fait jamais peur. Elle aime ça, la solitude. Elle va vers la forêt du Massacre. La neige glisse[14] vraiment bien car elle est très dure.

À 15 heures, Nina est à nouveau au pied des pistes de ski alpin. Elle a rendez-vous avec son grand-père devant l'école de ski. Elle le voit avec une petite fille. Nina essaie de se souvenir de la première fois où elle a fait du ski. C'était avec Pierre, c'est sûr. Mais quel âge avait-elle ? Elle ne sait plus. Elle a parfois l'impression[15] d'être née avec des skis aux pieds.

La tartiflette est un gratin de pommes de terre, de lardons et d'oignons sur lequel on fait fondre du fromage (reblochon ou comté).

— J'ai au moins vingt kilomètres dans les jambes, c'était super !

— Qu'est-ce que c'est pour toi vingt kilomètres ? lui demande son grand-père après avoir rendu la fillette à ses parents.

— Rien du tout, bien sûr ! rigole Nina.

— Alors, tu as eu des problèmes avec une bande de jeunes ?

— Comment tu le sais, papi ?

— Les nouvelles vont vite ici, dit Pierre qui enlève ses skis alpins pour mettre des skis de fond.

S.O.S., Jura en danger !

— Bof, c'est rien, juste des imbéciles qui ne comprennent rien à la protection de la planète !
— Ils ont voulu t'embêter[16]… ou te draguer !
— Tu rigoles !
— Il paraît que c'est Kévin, le fils Meyer qui t'a cherché des poux* !
— Et c'est qui, Meyer ?
— Tu ne connais pas Stef Meyer, le champion olympique, celui qui a été ministre de l'environnement ?
— Si…
Nina s'étrangle[17]. Pierre continue :
— Avec son père, l'environnement, il sait ce que c'est…
— Il s'est moqué de moi, quoi ! Il est vraiment nul, ce type !
Nina ne veut plus penser à ça. Sa grand-mère doit avoir fini de servir ses clients et être libre pour déjeuner avec eux.
— Bon, on va manger ? demande Nina qui s'élance déjà sur la piste pour aller aux *Tavaillons*.
Pierre la suit :
— Oui, je crois qu'Yvette a prévu une tartiflette au comté, dit Pierre.
— Et moi, en plus, je lui ai commandé une tarte au vin ! pense Nina.
Yvette réussit très bien cette spécialité suisse du canton de Vaud dont sa petite-fille raffole[18].

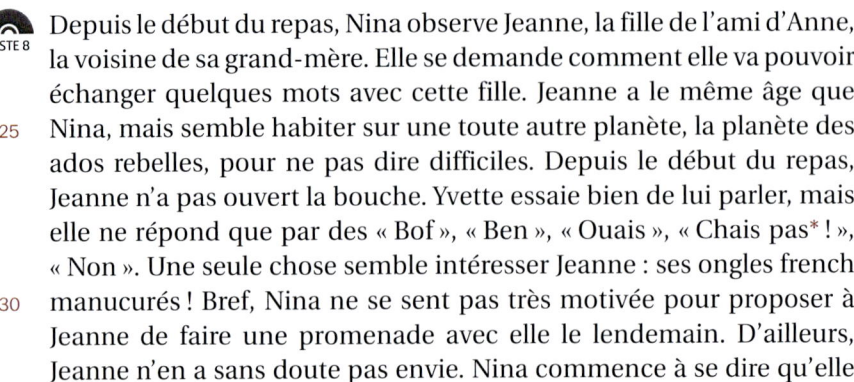

Depuis le début du repas, Nina observe Jeanne, la fille de l'ami d'Anne, la voisine de sa grand-mère. Elle se demande comment elle va pouvoir échanger quelques mots avec cette fille. Jeanne a le même âge que Nina, mais semble habiter sur une toute autre planète, la planète des ados rebelles, pour ne pas dire difficiles. Depuis le début du repas, Jeanne n'a pas ouvert la bouche. Yvette essaie bien de lui parler, mais elle ne répond que par des « Bof », « Ben », « Ouais », « Chais pas* ! », « Non ». Une seule chose semble intéresser Jeanne : ses ongles french manucurés ! Bref, Nina ne se sent pas très motivée pour proposer à Jeanne de faire une promenade avec elle le lendemain. D'ailleurs, Jeanne n'en a sans doute pas envie. Nina commence à se dire qu'elle

* **chercher des poux à qn** *(pop.)* : embêter qn
* **chais pas** *(oral)* : je ne sais pas.

20

aurait mieux fait, tout à l'heure, de repartir avec son grand-père à Longchaumois quand elle entend Yvette dire à Jeanne :
— Cela ferait très plaisir à Nina que tu l'accompagnes dans une de ses promenades à ski !
Nina n'a le temps de rien dire. Jeanne répond aussitôt :
— Bien sûr !
Dehors, il fait presque nuit.
— On va en discuter ? demande Jeanne qui se lève.
Les deux adolescentes sortent du restaurant. Au début, c'est un grand silence. Jeanne prend une cigarette.
— Tu viens d'où ? lui demande Nina.
— Je vis avec ma mère à Paris.
Des touristes s'arrêtent devant *Les Tavaillons* et regardent la carte. Quand ils sont partis, Jeanne continue :
— Je préfère les Alpes. Ici, c'est trop famille ! Les Rousses, ça va encore. Y'a un tout petit peu d'ambiance. Mais ici, y'a rien à faire ! Tu trouves pas ?
Nina se dit que Jeanne ne connaît pas Longchaumois !
— Bof ! Moi, le jour, je skie, explique Nina. Et le soir, je lis et ça me suffit !
Jeanne regarde Nina. Elle doit se demander quel genre d'animal en voie de disparition elle est.
— Je me demande comment ton père et Anne ont pu se rencontrer !
— À un mariage à Lyon. Tu l'aimes bien toi, Anne ?
— C'est la voisine de ma grand-mère, c'est tout !
— Mon père est chiant*, mais alors, elle, c'est le pompon* ! On est là depuis hier, mais qu'est-ce qu'elle me soûle* !
— Bon, et si on allait skier en nocturne ? Une toute petite promenade !
— Ok ! répond Jeanne qui va jeter sa cigarette.
— Non ! dit Nina. Moi, c'est avec l'environnement que je suis chiante. Tiens, y'a* un cendrier[19], là !

---

* **chiant(e) (fam.)** : énervant(e), pénible.
* **c'est le pompon ! (pop.)** : c'est encore pire !
* **soûler qn (fam.)** : ennuyer qn.
* **y'a (oral)** : il y a.

Les épicéas de la forêt du Risoux.

3 — Stop ! crie Nina.
Derrière la jeune fille, tout le groupe s'arrête en même temps. Ce matin, Nina conduit six vacanciers en randonnée dans la forêt du Risoux. C'est son grand-père Pierre qui lui a demandé d'emmener ses clients à sa place. Ils skient assez bien, mais ne connaissent pas la région. Il y a un couple italien et leur fille, qui doit avoir le même âge que Nina, un vieux Marseillais très sportif, à l'énergie de jeune homme, et deux copains belges d'une trentaine d'années.

— On va faire une petite pause, continue Nina. Attendez-moi, j'arrive tout de suite !

La jeune fille sort de la piste. Elle a peut-être rêvé, mais elle veut en avoir le cœur net[1]. Elle a cru voir une poubelle, au loin, entre deux arbres, dans une clairière[2]. Nina marche dans la neige. Elle fait très attention. Elle sait qu'ici, vers le chalet des Ministres, elle est à côté d'une zone biotope, une zone protégée où il est interdit d'aller. Nina fait plusieurs dizaines de mètres. Elle arrive facilement jusqu'à la clairière. Elle n'a pas rêvé ! Quelle horreur ! L'adolescente découvre de grands sacs poubelles en plastique au pied des épicéas. Nina cherche

S.O.S., Jura en danger !

son appareil photo dans son sac, mais il n'y est pas. Mince ! La jeune fille note sur son petit carnet tout ce qu'elle voit : dix énormes sacs. Incroyable ! Quelqu'un a pris cette nature parfaite et magnifique pour une décharge[3] !

Nina a toujours beaucoup aimé la forêt du Risoux. Avec toutes ses espèces végétales et animales, la forêt a une valeur biologique exceptionnelle ! Le bois de certains de ces épicéas sert aux luthiers car il a de très bonnes qualités acoustiques.

On s'en sert aussi pour fabriquer le cor des Alpes, cet instrument qui permettait autrefois aux bergers de communiquer avec les gens de la vallée et qui revient à la mode.

Un cor des Alpes. C'est un instrument en épicéa pouvant mesurer jusqu'à 18 mètres de long. Il était utilisé pour communiquer à distance dans les montagnes.

La jeune fille est bouleversée[4]. Elle est en colère aussi. Mais les vacanciers l'attendent et elle se dépêche de[5] les rejoindre[6].

— Ça va, Nina ? lui demande Carla, la maman italienne.

Nina fait oui de la tête. Pour le moment, elle préfère ne rien dire de sa découverte. Elle ne veut surtout pas que les vacanciers s'imaginent qu'on ne protège pas l'environnement dans le Haut-Jura. Pas question de montrer ça à des touristes. Mais il lui est très difficile de cacher ses émotions. Elle se promet qu'elle reviendra examiner les sacs de cette décharge sauvage. Elle décidera alors de ce qu'elle doit faire.

— J'avais cru voir quelque chose de bizarre. C'est bon maintenant, on peut y aller ! Vous êtes prêts ?
Le groupe repart derrière elle.

Nina ne peut penser à autre chose qu'à cette décharge sauvage. Elle ne comprend pas comment on peut faire une chose pareille. Ici, dans le Risoux.

23

S.O.S., Jura en danger !

Elle réalise soudain qu'elle va beaucoup trop vite pour ses clients. Ils la suivent difficilement. Il faut qu'elle essaye de ne plus penser qu'à sa randonnée. Alors, elle ralentit⁷, puis s'arrête quelques mètres plus loin pour une nouvelle pause.

— En face, nous sommes à quelques centaines de mètres de la Suisse…, explique-t-elle.

— Mademoiselle Nina ! dit soudain le vieux Marseillais. Je voudrais vous demander quelque chose… Comment dire ? Pendant la guerre… cette forêt…

Nina voit tout de suite de quoi le vieil homme veut lui parler. Elle connaît son travail de guide sur le bout des doigts*.

— Oui, la forêt du Risoux a été un lieu important pendant la Seconde Guerre mondiale. C'est par cette forêt que de nombreux Juifs ont pu fuir entre 1941 et 1944. Une jeune fille de vingt ans, Victoria Cordier, traversait avec eux le Risoux de nuit. Ils devaient d'abord contourner la Roche Champion par un petit passage escarpé⁸, ce qui n'était pas facile, et ils arrivaient au refuge de l'Hôtel d'Italie, en Suisse. Été comme hiver dans la neige !

— Oui, oui… Vous savez où c'était exactement ?

— Oui, en fait, Victoria Cordier habitait Chapelle des Bois, c'est un village à quelques kilomètres d'ici… Elle connaissait très bien la forêt et les lieux de passage pour aller, côté Suisse, dans la vallée de Joux, le pays des horlogers⁹… C'était très dangereux car, avant la frontière franco-suisse, il fallait passer de la zone libre à la zone occupée, puis de la zone occupée à la zone interdite. En Suisse, ils arrivaient au village du Brassus.

— Mmh… très bien… très bien, balbutie¹⁰ le vieil homme.

— Dans son livre, Victoria Cordier a écrit : « Risoux majestueux et secret, tu étais à ce moment-là une grande voie¹¹ internationale… »

Nina ne sait pas pourquoi, mais elle calcule l'âge que le Marseillais pouvait avoir en 1944. Dix ans peut-être.

— Enfant… je suis passé par là, dit le vieux monsieur comme s'il avait lu dans les pensées de Nina. C'était Anne-Marie Imhof-Piguet

---

* **connaître sur le bout des doigts** : connaître très bien.

qui nous avait conduits là, avec les autres enfants… Et voyez-vous, je n'étais jamais revenu. Il faudra que j'aille là-bas.

Nina connaît cette histoire : elle a entendu parler d'Anne-Marie Imhof-Piguet, une étudiante de Lausanne qui s'était engagée à la Croix-Rouge* et qui avait organisé une filière[12] pour sauver des enfants juifs entre la France et la Suisse.

Mais, jusqu'à présent, Nina n'a jamais rencontré un des acteurs de cette époque-là. Elle ne sait plus trop quoi dire, elle est très émue[13].

---

* **La Croix Rouge** est une organisation humanitaire créée en 1863 à Genève par Henry Dunant.

PISTE 11

4 Le minibus jaune de Pierre Jacquet passe le long du lac gelé[1] des Rousses. Des promeneurs[2] à pied et des patineurs vont et viennent sur la glace. Il y a aussi des chars à glace. Nina les observe. Elle déteste ça ! Elle a comme un vertige quand elle marche sur la glace car on voit
5 très bien les algues[3] et les bulles d'air[4] à travers[5]. On entend aussi des bruits étranges et souvent inquiétants, mais il paraît que c'est normal, c'est l'air sous la glace.

Aux Rousses, Pierre laisse la famille italienne et les deux Belges. Le vieux Marseillais a loué une chambre dans le village de La Cure, à
10 trois kilomètres. L'hôtel s'appelle *l'Hôtel franco-suisse* car il se trouve exactement sur la frontière. La publicité le dit d'ailleurs : « Endormez-vous en France et réveillez-vous en Suisse ».

Le vieil homme a le regard dans le vide depuis la fin de la randonnée. Il semble aussi très fatigué. Au moment de lui dire au revoir, Nina lui propose :
15 — Vous restez encore quelques jours ici ?
— Jusqu'au 28.
— Si vous voulez, je vais avec vous à Chapelle des Bois…, ose[6] Nina. Comme ça, gratuitement….

— C'est très gentil à vous, mademoiselle Nina ! Mais, non, finalement, je crois que ce n'est pas une bonne idée. Merci beaucoup !

Sur la route de Lamoura, Nina raconte à son grand-père cette rencontre qu'elle a faite avec le vieil homme et ce qu'il lui a dit de la guerre.

— C'était il y a si longtemps, la Seconde Guerre mondiale, explique la jeune fille. Tout ce que je sais sur la guerre, je l'ai appris à l'école ou je l'ai lu dans des livres. Et tout à coup, voilà quelqu'un qui me dit : « J'y étais ! » Je ne sais pas comment dire. Ça m'a fait bizarre…

— C'est normal ! C'est émouvant[7] de se dire que des enfants ont été sauvés en passant la frontière tout près d'ici…

Soudain, Nina pousse un grand cri[8]. Elle avait presque oublié sa découverte du matin.

— Qu'est-ce qui t'arrive ? Tu vas me faire avoir un accident !

— Tu ne devineras jamais ce que j'ai vu dans la forêt !

— Des grands tétras !

— Non, j'aurais préféré ça ! Je crois avoir vu une décharge !

— Impossible ! Pas ici ! En plus, tout le monde fait attention.

— Il y avait des sacs en plastique, sept ou huit.

— Bon, je te laisse descendre toute seule à Lamoura ! Faut que j'aille à Longchaumois… J'ai une vache malade !

— Qu'est-ce que je fais à ton avis avec mes sacs plastiques ?

— On en parlera plus tard ! Je vais y réfléchir !

Quand elle pousse la porte du restaurant de sa grand-mère, Nina tombe sur Jeanne qui est très en colère contre elle.

— Tu ne m'avais pas dit que tu m'emmenais avec toi faire du ski ?

— Je suis désolée. J'ai dû y aller avec un groupe. On est partis à 9 heures. Tu étais déjà levée ?

— Les réveils, c'est pas fait pour les chiens !

— Bon, demain, si tu veux, on va skier toutes les deux, d'accord ?

— Hum ! fait Jeanne.

— Qu'est-ce que tu as fait aujourd'hui, alors ?

— Mon père et Anne m'ont fait un programme culturel. On est allés visiter Saint-Claude, la capitale de la pipe ! C'était pas mal, mais j'ai l'impression de tenir la chandelle* avec Anne et mon père.

---

* **tenir la chandelle** *(pop.)* : être seul(e) au milieu d'un couple.

— Bon, tu manges une raclette avec nous ?
— J'ai mangé il y a une heure seulement !
— Ben, tu mangeras bien le dessert avec nous… Des poires au vin, ça se mange sans faim, ça ?

La raclette est un plat typique de fromage fondu.

5   — Vouais, ma gourmandise[9] me perdra !

Finalement, Jeanne n'est pas l'adolescente pénible[10] que Nina avait imaginée. Hier soir, elle s'est bien amusée avec elle sur la piste éclairée[11] de Lamoura. Jeanne l'a même plutôt étonnée. Elle skie bien et ne râle[12] pas toutes les trente secondes.

Une tempête de neige.

5

Le lendemain matin, il neige sur le Haut-Jura, de gros flocons[1] dans un ciel gris, presque noir. Nina et Jeanne se retrouvent devant le restaurant d'Yvette, puis prennent le « skibus » pour aller aux Rousses.

— C'est plus écolo ! explique Nina à Jeanne, un peu étonnée que la jeune fille refuse qu'Anne les emmène là-bas.

— Je n'ai jamais rencontré quelqu'un comme toi, lui confie Jeanne. Je pense que c'est tout à fait inutile, mais c'est admirable ! Ta façon de t'engager me touche beaucoup !

— Tu ne veux pas sauver la planète, toi ?

— Si… Mais je ne crois pas que je puisse vraiment changer les choses… Tout se décide plus haut !

— Je connais la chanson… Mais chacun d'entre nous est responsable, même une fille de 16 ans. Bon, allez viens, tu vas voir, on va passer aux actes !

Nina veut absolument retourner à la décharge sauvage. Elle n'en a pas reparlé avec Pierre. Depuis hier, elle l'a à peine croisé. Son grand-père n'arrête pas de travailler, entre ses cours de ski et la ferme dont il faut s'occuper.

29

S.O.S., Jura en danger !

Il neige toujours et il y a maintenant une couche de poudreuse[2] de quelques centimètres sur la piste. Les deux filles avancent avec difficulté, surtout dans les côtes[3]. Parfois, elles ne voient même plus la piste. Pourtant, Nina ne veut pas rentrer. Elle pense qu'elle ne pourra plus jamais retrouver les sacs si elle fait demi-tour maintenant. Mais il y a Jeanne qui n'est pas une aussi bonne skieuse qu'elle et qui doit se demander ce qu'elle fait dans cette galère*.

— Non, c'est bon ! On continue ! répond-elle avec courage.

Finalement, Nina croit reconnaître l'endroit où elle s'était arrêtée la veille[4]. Elle enlève ses skis et avance sur quelques mètres. Elle s'enfonce[5] un peu dans la neige, quand elle voit alors les sacs qui ne sont pas encore tout à fait recouverts par la neige. Elle ouvre un sac. À l'intérieur, elle trouve de gros pots[6] qui ressemblent à des pots de peinture. Une forte odeur de produits chimiques se répand[7] aussitôt dans l'atmosphère. Nina prend des photos, puis note sur un carnet ce qui est écrit sur les pots quand elle entend Jeanne qui l'appelle.

— Jeanne ! Jeanne ! crie-t-elle à son tour pour lui répondre. C'est bon ! J'ai trouvé !

Une branche craque[8] dans le dos de Nina, puis la jeune fille entend une voix d'homme lui dire :

— Qu'est-ce que tu as trouvé ?

Nina sursaute[9]. Elle se retourne. Un homme en raquettes, la cinquantaine, est à quelques mètres d'elle. Depuis combien de temps est-il là ?

— Vous aussi, vous avez vu les sacs poubelles ? lui demande-t-elle. C'est un scandale !

L'homme ne réagit pas. Son regard est glacial. Nina se demande ce que Jeanne fait et si elle l'a entendue lui répondre.

— Tu es de la police ?

Nina hausse les épaules.

— Non, bien sûr que non !

— Alors, ça ne te regarde pas. Occupe-toi de tes affaires !

---

* **une galère :** ici, une situation difficile.

S.O.S., Jura en danger !

L'homme parle d'une voix si dure que Nina a l'impression de recevoir une gifle[10]. Elle en a le souffle coupé[11]. Elle veut pourtant lui répondre que la nature, c'est l'affaire de tout le monde.

— Mais… commence Nina.

— Tu viens, Nina ? Pierre nous attend ! l'interrompt tout à coup Jeanne.

La jeune Parisienne a suivi les traces de Nina et l'a rejointe. L'homme a dû venir d'un autre côté de la forêt, peut-être du côté de la route qui traverse la forêt du Risoux.

— Nina ! insiste Jeanne.

Nina ne comprend rien à ce que lui raconte Jeanne. Elle sent seulement qu'elle doit la suivre et quitter au plus vite cet endroit.

— J'espère que vous avez bien entendu, leur crie l'homme aux yeux de glace. Occupez-vous de vos affaires ! Cela ne vous regarde pas. Sinon, vous aurez des ennuis.

Les deux adolescentes se dépêchent d'aller vers la piste, de remettre leurs skis et de partir. Plus loin, Nina demande à Jeanne :

— Il est où, Pierre ? Il t'a appelé sur ton portable ?

— Mais, non ! C'était une feinte[12] ! Quand j'ai vu la tête de ce type, j'ai vite compris que tu avais des problèmes et j'ai inventé n'importe quoi ! Pas question que ce type s'imagine qu'on était toutes seules, toi et moi, dans la forêt en pleine tempête de neige !

— Tu es futée[13], toi !

— Ben, il avait des yeux de serpent à faire peur !

— Moi, je n'ai pas réalisé tout de suite…

— C'était pourtant difficile de ne pas voir que tu le dérangeais[14] !

— Ben, merci ! Tu m'as sortie de la gueule du loup* !

— Je n'ai rien fait ! Mais s'il le faut, je peux faire des prises[15] de jujitsu ! J'en fais depuis cinq ans.

— Du jujitsu ?

— C'est un art martial pour apprendre à se défendre…

— Toi, tu fais du jujitsu ? Je n'aurais jamais cru ! C'est bon à savoir !

---

* **sortir de la gueule du loup** *(pop.)* : sauver qn.

6 Stupeur[1] ! Nina n'en croit pas ses yeux[2], le lendemain, à Bois d'Amont, quand elle découvre le groupe qu'elle doit accompagner en randonnée. Son grand-père a voulu lui faire une farce[3] ! Ce sont les cinq jeunes qui se sont moqués d'elle quand elle distribuait ses tracts au pied du télésiège. Elle reconnaît surtout le garçon au blouson vert, Kévin Meyer. Nina se demande pourquoi elle n'avait pas remarqué ses yeux verts si clairs.

Visiblement, les cinq jeunes sont aussi surpris qu'elle. Du coup, Nina est moins en colère contre son grand-père. Elle n'est pas la seule victime de cette plaisanterie[4]. Seulement, elle ne comprend pas pourquoi ces jeunes ont besoin d'un guide : Kévin n'est-il pas le fils d'un champion olympique de ski ?

— On voudrait faire la piste des Briolettes à Bellefontaine, explique Kévin. C'est une piste noire*…

— Oui, elle est assez hard ! dit Nina. Mais t'es de la région, non ?

— Oui et non. Ça fait des années que je n'étais plus venu ici.

* En France et en Suisse, le degré de difficulté des pistes de ski alpin est indiqué par un code couleur : vert = très facile, bleu = facile, rouge = moyenne, noir = difficile.

Mes parents sont séparés et j'habite à Bordeaux. Je vais plus souvent dans les Pyrénées qu'ici… Je ne m'entends pas trop avec mon père. D'ailleurs, ça fait une semaine qu'on est chez lui et il a toujours mieux à faire…
— D'accord !
Nina les emmène. Elle a sa revanche : ces rois de la glisse sont moins à l'aise sur des skis de fond. À l'exception de Kévin qui skie très bien. Derrière lui, une des deux filles du groupe, Cassandra, essaie toujours de le suivre, mais en vain[5]. Il va plus vite qu'elle.
En début d'après-midi, le petit groupe a déjà skié plus de trente kilomètres. Nina laisse Kévin et ses copains aux Rousses alors qu'il commence à neiger et qu'elle voit Jeanne avec qui elle a rendez-vous devant le marchand de journaux.
— Dis donc, il est vachement* beau, le mec avec qui tu étais ! dit Jeanne qui n'a pas la langue dans sa poche*.
— Lequel ?
— Tu rigoles ? Le type au blouson vert !
— Ouais, pas mal ! Mais il n'est pas libre. Il est avec une fille du groupe, Cassandra.
— Dommage !
Les deux filles s'achètent une crêpe puis montent dans le car à destination de Morez, une petite ville dans la vallée, la capitale de la lunette !

Un peu plus tard, Nina pousse la porte du café situé juste derrière le très moderne musée de la lunette de Morez, le Viséum. Gabriel Tissot l'attend près de la fenêtre. Ce journaliste est un vieux copain de son grand-père. Pierre lui a finalement conseillé d'aller le voir. L'homme est un spécialiste des questions d'environnement pour son journal *Jura Hebdo*. Il travaille à Morez depuis vingt ans. Nina lui raconte ce qu'elle a découvert et sa rencontre avec l'homme au regard de glace. Elle lui montre aussi les photos qu'elle a prises. Mais Gabriel Tissot ne réagit pas comme l'adolescente l'avait imaginé. Visiblement, ce que lui dit Nina ne l'intéresse pas beaucoup.

---
* **vachement (fam.)** : très.
* **ne pas avoir sa langue dans sa poche** : être très bavard.

S.O.S., Jura en danger !

— Ouais, c'est pas énorme, dit-il. Y a combien de sacs ?
— Il y en a neuf. Regardez, j'ai écrit le nom des produits…
— Mais non ! Ça, c'est rien du tout ! On ne peut pas parler de décharge sauvage ! C'est sûr, c'est pas bien de laisser ses poubelles dans la nature… Faut prévenir les services techniques des Rousses qui vont les ramasser. Ils font des tournées[6]…
— C'est tout ce que ça vous fait ?
— Une décharge sauvage avec des produits chimiques, j'y crois pas !
— Pourquoi ?
— Parce que le Jura, c'est la région française qui fait le plus pour l'environnement. Notre région est numéro un pour la collecte[7] et le recyclage des déchets.
— Et alors ? En quoi ça empêche les décharges ?
— Ici, les gens savent qu'il faut protéger la nature. Ton truc, c'est pas l'affaire du siècle ! Bon, excuse-moi, j'ai un rendez-vous. Avant Noël, j'ai toujours des reportages à faire. Passe le bonjour à Pierre ! Au revoir !

Nina regarde le journaliste remettre sa chapka sur la tête et partir, l'air pressé[8], comme si elle venait de lui faire perdre son temps. Elle sort à son tour et retrouve Jeanne qui l'attend devant le Viséum.
— Tu sais grâce à qui les lunettes de soleil sont devenues à la mode ?
— Je donne ma langue au chat* !
— Grâce à Brigitte Bardot qui, dans les années 60, se protégeait du soleil et de ses fans…
— T'as appris ça au Viséum ?
— Eh oui ! Et toi, alors, le journaliste, qu'est-ce qu'il t'a dit ?
— Rien. Mon histoire ne l'a pas du tout intéressé ! C'est trop petit !
— Non ? Mais qu'est-ce qu'il lui faut ? Toute la forêt du Risoux polluée ?

Nina hausse les épaules puis sourit. Jeanne est en train de devenir une vraie militante écolo[9] !

Les deux filles montent dans le car pour Lamoura et s'endorment aussitôt. La vie à la montagne est éreintante[10] !

---

* **donner sa langue au chat** : ne pas savoir qc.

Le village de Saint-Cergue (canton de Vaud, Suisse).

7

Nina fait la grasse matinée¹. Dehors, le soleil brille, mais il fait un froid sibérien. Elle n'a pas encore eu le courage de sortir de sa couette. Une boule de poils blancs est d'ailleurs couchée contre elle. C'est Java. Heureusement qu'Yvette n'est pas là, elle déteste que les chiens soient dans la maison. Mais Java est si mignon ! Nina réfléchit à cette histoire de sacs poubelles. Elle s'est peut-être fait un film*. Elle veut tellement sauver la planète ! Elle se décide à se lever quand son portable sonne. C'est son père, François, inquiet que sa fille ne l'ait pas appelé depuis son arrivée chez ses grands-parents. D'habitude, Nina lui téléphone presque tous les jours.

— Je suis désolée, papa. T'as pas eu Yvette au téléphone ?

— Si, bien sûr. Elle m'a dit qu'elle ne t'avait pas beaucoup vue depuis que tu es là !

— C'est vrai que je n'ai pas arrêté !

Nina fait un récit détaillé² à son père de tout ce qu'elle a fait depuis six jours. Elle lui parle ensuite de sa découverte dans la forêt du Risoux.

---

* **se faire un film :** s'imaginer qc.

— Tu devrais contacter une association de protection de la nature. J'ai un vieux copain à Saint-Cergue… Il a créé une association très active dans la région.
— À Saint-Cergue ? Mais c'est en Suisse !
— Et alors ? C'est à 11 kilomètres des Rousses… Et mon copain Marco travaille aussi avec des associations françaises…
— Bon, d'accord ! Donne-moi son nom et son numéro de téléphone, s'il te plaît !… Marco Primus… Et toi, tu arrives quand ?
— Le 24 ! Et je reste jusqu'à la fin des vacances avec toi !
François hésite, puis finit par demander :
— Et ta mère, elle t'a dit quelque chose ?
— Maman a trop de travail ! Elle a dit qu'elle allait essayer de venir, mais qu'elle ne savait pas quand.
— Bon, ben alors au 24, ma chérie !
— Ciao, mon petit papa !
Nina pose son portable quand il lui indique un SMS. C'est Jeanne.

bjr, Nina ! Rendez-vous à midi aux Tavaillons. A +. Jane.

Nina lui répond :

Dak. @tt. Nina

Puis elle appelle Marco Primus, mais personne ne répond, ni chez lui, ni à son bureau, ni sur son portable. La jeune fille essaie aussi de téléphoner à Martin Blanchard, une personne que son père connaît au service environnement de la mairie des Rousses. Mais là non plus, Nina n'a pas de chance : on lui dit que Martin Blanchard est en vacances depuis ce matin !
Nina décide alors de s'habiller, de mettre ses skis et de partir pour Lamoura. Elle sera un peu en avance à son rendez-vous avec Jeanne, mais elle aura le temps de distribuer ses tracts.

Une heure après, Nina est au départ des pistes de Lamoura. Les gens ont l'air contents de rencontrer une adolescente qui défend la nature. Ils ont souvent des remarques gentilles.

S.O.S., Jura en danger !

— Quel courage d'être là par ce temps ! lui dit un père de famille. Mais vous allez attraper froid[3] !
— Non, c'est gentil ! Mais vous voyez, je bouge !
Nina sautille[4] dans la neige. Mais l'homme a raison : elle est frigorifiée[5]. Même avec une paire de collants et trois paires de chaussettes, elle a les doigts de pieds gelés. Pourtant, ce qui la préoccupe depuis vingt minutes, ce n'est pas le froid, mais le type en blouson et pantalon noirs qui semble l'observer. Impossible de voir les traits de son visage[6] : il porte un bonnet et des lunettes, et une écharpe cache sa bouche. Un peu avant midi, quand Nina s'en va, l'homme commence à la suivre. Elle skie plus vite, mais il est toujours derrière elle. Pourtant, Nina va de plus en plus vite. Arrivée dans le centre de Lamoura, elle enlève ses skis et se dépêche d'aller au restaurant de sa grand-mère. Mais elle sent toujours l'homme dans son dos. Il court maintenant derrière elle. Le cœur de Nina cogne[7] à toute allure[8] dans sa poitrine. Est-ce l'homme qu'elle a croisé devant les sacs poubelles dans la forêt du Risoux ? Est-ce qu'elle a vu quelque chose qu'elle n'aurait pas dû voir ? Ouf ! Nina arrive devant *Les Tavaillons* quand elle entend l'homme l'appeler par son prénom.
— Nina !
Elle croit reconnaître cette voix quand Jeanne sort du restaurant.
— Salut, Nina !
Puis Jeanne sourit au type qui se tient derrière Nina.
— Bonjour !
Nina se retourne. Le type a enlevé ses lunettes et elle découvre des yeux verts si clairs…

La ligne des Hirondelles, nom donné à la ligne du train express régional qui relie Dole à Saint-Claude.

8

— Tu es vraiment têtue[1], Nina ! s'indigne[2] Jeanne. Puisqu'il s'est excusé, accepte son invitation !

— Il m'a fait trop peur ! En plus, il n'avait pas son blouson vert !

— Il peut changer de blouson, non ? Dis plutôt que tu as eu la honte de ta vie ! Tu as cru qu'un type cherchait à t'agresser[3] alors que Kévin essayait seulement de te rattraper pour te parler !

— Ça, c'est sa version ! Pourquoi n'est-il pas venu me parler quand je distribuais mes tracts ?

— Il ne voulait pas te déranger !

— LOL[4] !

Cela fait déjà une heure que Jeanne essaie de convaincre Nina d'aller manger avec Kévin et ses copains dans le chalet des Meyer à Lamoura. Le garçon veut se faire pardonner. Jeanne aussi est invitée, mais elle ne peut pas y aller. Son père et Anne ont acheté des places pour un concert d'orgue à l'église de Champagnole, une ville qui se trouve à l'entrée du massif du Jura, à soixante-dix kilomètres de Lamoura.

— Je ne peux pas refuser. J'adore la musique baroque ! explique Jeanne. Ils ont même prévu de passer la nuit à Champagnole… et d'y aller en train !

S.O.S., Jura en danger !

— Avec la ligne des Hirondelles[5] ?
— Oui, tu connais ?
— Bien sûr, vous allez prendre le train à Morez. La ligne des Hirondelles, c'est une ligne mythique ! Elle traverse tout le Haut-Jura. Elle passe sur de nombreux viaducs. On se croit entre ciel et terre !
— Bon, ils m'attendent ! Tu me promets que tu vas chez Kévin ce soir ?
Nina fait la moue[6].
— Je sais pas trop… Bon, d'accord !
Jeanne fait une bise à Nina et rigole :
— Ne sois pas trop ours*, ce soir !
Finalement, la soirée se passe plutôt bien avec Kévin et ses copains Quentin, Sabrina, Lucie et Cassandra dans le grand chalet des Meyer avec piscine intérieure, sauna et jacuzzi. Le rêve !
— Un luxe pas très écolo ! pense Nina.
Les jeunes discutent autour d'une fondue francomtoise[7] !
Il y a un peu de vin du Jura, mais les jeunes ne doivent pas avoir l'habitude de boire trop, ce qui rassure[8] Nina. La jeune sportive a horreur des soirées où tout le monde essaie d'être plus ivre[9] que son voisin. Le seul bémol[10] de la soirée, c'est Cassandra. Elle passe son temps à lancer des regards noirs* à Nina, surtout quand Kévin lui parle ou rigole avec elle. Cassandra a l'air folle amoureuse de Kévin. Mais contrairement à ce que croyait Nina, Cassandra et Kévin ne sont pas ensemble.
Nina se sent si bien qu'elle parle de son engagement[11] pour l'écologie. Les autres l'écoutent. Elle essaie de les convertir[12].
— Il faut essayer de sauver la planète chacun à son niveau : préférer les douches aux bains, trier ses déchets. Bien sûr, ce n'est pas assez… Alors, dans mon gymnase, c'est le nom des lycées en Suisse, avec quelques copains, on essaie de convaincre le directeur d'avoir des projets écolos : on voudrait installer des panneaux solaires[13], monter un potager[14], proposer des menus bio, imaginer un programme de recyclage des natels…
— Des natels ? interroge Lucie.
— Des portables ! On dit « natel » en Suisse !

* **être ours :** être casanier, peu sociable.
* **lancer des regards noirs :** regarder méchamment.

— Moi, dans mon lycée, dit Quentin, l'autre garçon du groupe, on a élu un éco-délégué. Sa mission est de rendre le lycée plus vert... Jusqu'à présent, je trouvais ça débile[15] ! Mais tu m'as convaincu : faut peut-être l'aider...

Alors, Nina raconte sa découverte dans la forêt du Risoux.

— Je ne sais plus quoi faire ! finit-elle par dire. C'est quand même pas normal de laisser des poubelles et des pots dans la nature ?

— Ton histoire, elle me fait penser à un scandale qui a eu lieu en Alsace, raconte Sabrina. Je l'ai lue dans le journal quand j'étais en stage là-bas. Pendant des années, une entreprise de la région de Bâle a déchargé ses poubelles côté français, vers Mulhouse. C'étaient des produits chimiques. Résultat : une pollution s'est développée. Elle a fini par toucher la nappe phréatique[16] en France, mais cette nappe française alimentait la Suisse. Pendant plusieurs semaines, les Suisses n'ont pas pu boire l'eau du robinet[17]...

— Ton histoire est intéressante... dit Nina.

— Dans les régions transfrontalières, la pollution, c'est toujours une question sensible... Je crois que les associations écolos sont encore en procès[18] avec l'entreprise.

— Excusez-moi, il est tard... Faut que je rentre maintenant. Sinon, ma grand-mère va m'attendre, au restaurant !

Kévin se lève en même temps que Nina.

— Je te raccompagne...

Nina remercie tout le monde. Elle a passé une très bonne soirée. Bien sûr, Cassandra est la seule qui ne sourit pas.

Dehors, la nuit est glacée.

La fondue francomtoise est un plat de la gastronomie française. Pour le déguster, on trempe des morceaux de pain dans du fromage fondu.

— Tiens-toi à moi ! Ça glisse trop par terre ! dit Kévin.

Nina marche donc accrochée[19] au bras du garçon. Quelques mètres plus loin, ils glissent ensemble sur une plaque de verglas[20] et tombent tous les deux par terre.

— Je suis désolé ! s'excuse Kévin.

— C'est pas grave ! répond Nina.

Elle n'avait jamais imaginé que ce garçon au look un peu frimeur[21] était capable d'attentions.

— Mais, se dit Nina, ce n'est pas le moment de tomber amoureuse ! J'ai d'autres projets !

Comme ils font attention à la route, Nina et Kévin ne remarquent pas les ombres qui les suivent. Soudain, juste avant *Les Tavaillons*, on les tire en arrière et on leur met un tissu[22] sur le visage. Les deux jeunes ne voient rien, ils ne peuvent ni bouger, ni crier, juste entendre quelqu'un dire :

— On donne un conseil à la demoiselle : ne sors plus de la piste dans la forêt du Risoux ! Sinon, tu auras des ennuis !

Ensuite, c'est le silence. Les hommes sont partis. Kévin demande :

— Ça va, Nina ?

— Pas de problème. C'est juste l'effet de surprise[23]…

— Tu me promets quelque chose ?

— Quoi ?

— Tu ne retournes pas dans la forêt du Risoux toute seule, d'accord ? J'irai avec toi.

Un faisan sur la neige.

9 — Tu sais pourquoi la station s'appelle les Rousses ? dit une voix d'homme.
— Non, répond une voix d'enfant.
— On pense que les gens venaient ici pour chasser[1] les bêtes rousses[2] comme…
— Les renards !
— Oui, les faisans aussi. Pour dire qu'on allait à la chasse, on disait qu'on allait aux rousses…

Nina ouvre les yeux. Elle s'était endormie. La discussion entre l'homme et l'enfant l'a réveillée. Heureusement ! Car le skibus est arrivé à la station des Rousses.
— Je descends aussi ! crie-t-elle au chauffeur.
— Faut réagir plus vite !
— Excusez-moi !

Le chauffeur rouvre la porte. Nina descend vite. Elle a eu chaud* !

Dehors, le soleil est invisible ce matin. Nina skie sous la neige et ne se sent pas en grande forme. Elle doit lutter contre le froid et le mauvais

---

* **elle a eu chaud (pop.)** : elle a eu peur.

S.O.S., Jura en danger !

temps. Il y a d'ailleurs peu de skieurs ce matin. Nina manque aussi de sommeil car cette nuit, elle n'a pas dormi. Impossible de fermer l'œil après cette agression ! Elle a réfléchi toute la nuit. Elle s'est demandé ce qu'elle devait faire : tout arrêter, ne plus penser à la décharge dans la forêt ou, au contraire, aller à la gendarmerie ? Finalement, elle a décidé qu'elle devait retourner au Risoux, prendre un des sacs comme preuve et le montrer à la mairie ou à la gendarmerie. Elle a aussi pensé à ce que Kévin lui avait dit : ne pas y aller seule. Mais Jeanne, son ange-gardien[3] championne de jujitsu, n'était pas là. Elle ne revenait que dans l'après-midi. Or, Nina ne pouvait pas attendre. Kévin était un bon skieur : elle pouvait lui demander de l'accompagner. Mais elle le connaissait si peu : elle ne voulait pas qu'il ait des ennuis à cause d'elle. En plus, elle savait quand même très bien se débrouiller toute seule.

À 5 h 30, Nina a entendu Pierre se lever. Elle a bu un thé avec lui dans la cuisine et ne lui a rien raconté de l'agression de la nuit. Elle n'a rien dit non plus à Yvette. Elle ne voulait pas inquiéter[4] ses grands-parents. Jusqu'à 8 heures, Nina a aidé son grand-père à traire[5] les vaches, suivie par Java, le chien tout blanc.

Maintenant, il neige encore plus fort et le vent souffle de gros flocons épais contre le visage de Nina. La jeune fille songe[6] qu'elle n'a jamais autant skié. Une bonne préparation pour La Transjurassienne, cette célèbre course de ski nordique qui a lieu au mois de février entre le lac de Lamoura et Mouthe, à 76 kilomètres de là. Plus de 3 500 coureurs, dont les meilleurs mondiaux, y participent chaque année.

Nina espère gagner cette année la Transjeune*, la course des moins de vingt ans !

Enfin, alors qu'elle est arrivée dans la forêt du Risoux, il ne neige plus. Nina retrouve sans problème l'endroit où elle a découvert la décharge. Les sacs sont toujours là. Il y en a peut-être même trois ou quatre en plus. Elle les ouvre. Comme dans les autres, il y a des pots. On sent toujours une odeur forte. Nina décide d'appeler les gendarmes, mais elle n'a pas de réseau[7] sur son portable. Elle revient

---

* **La tranjurassienne** est la deuxième plus longue épreuve de ski de fond après la Vasaloppet suédoise.

vers une clairière un peu plus bas, à une centaine de mètres. Seulement même là, Nina ne capte rien. Quand elle retourne vers les sacs pour en ramener un, elle découvre que quelqu'un vient d'y mettre le feu. Une épaisse[8] fumée noire se dégage. Nina respire avec difficulté. Elle entend un bruit de moteur et voit à travers les arbres une motoneige qui s'éloigne.

— C'est dégueulasse*! crie Nina en colère.

Elle met son écharpe sur son visage pour ne pas respirer la fumée, ramasse une grosse branche par terre et essaie d'éteindre le feu. Soudain, Nina sent une grande douleur au pied et tombe dans la neige…

* **dégueulasse** *(fam.)* : dégoûtant.

Une ferme avec la façade en tavaillons.

10

Quand elle ouvre les yeux, Nina se trouve dans une petite pièce presque vide. Il y a un fauteuil, une petite table, deux chaises et ce divan sur lequel la jeune fille est allongée. Quelqu'un lui a mis une couverture[1]. Elle ne reconnaît pas cet endroit. Elle doit être dans un chalet. Elle veut se lever, mais quand elle pose le pied sur le sol, il lui fait très mal. Nina a l'impression aussi que sa tête va exploser ! Elle va jusqu'à la fenêtre en sautant sur son autre pied quand une porte s'ouvre. Un homme entre. Elle reconnaît le type aux yeux de serpent. Elle l'a rencontré le jour où elle a découvert les sacs poubelles. Il lui avait dit de s'occuper de ses affaires. Il a vraiment une sale tête[2].

— Assieds-toi ! lâche-t-il[3]. Faut pas marcher avec ton pied ! T'as pas vu comme il est enflé[4] !

— Qu'est-ce que vous m'avez fait ?

— Rien. Rien du tout ! Tu te débrouilles très bien toute seule pour avoir des ennuis ! Tu t'es coincée la cheville[5] et ensuite, t'es tombée toute seule dans les pommes* ! Heureusement que j'étais là ! Tu serais encore dans la neige !

* **tomber dans les pommes** *(pop.)* **:** s'évanouir.

S.O.S., Jura en danger !

— Qu'est-ce que je fais ici ?
— Je t'avais prévenue[6] ! Fallait pas mettre ton nez partout* !
— Je veux rentrer chez moi !
— Ça, c'est pas toi qui décide, ni moi d'ailleurs !
— Qui alors ?
— Arrête de poser des questions. Bon, maintenant, faut que j'y aille. Je te laisse du pain, du saucisson et du fromage, un vrai plateau-repas jurassien ! Je te déconseille[7] d'essayer de t'enfuir. De toute façon, avec ton pied… Ici, t'es en pleine forêt ! On sait même pas si c'est la Suisse ou la France. Personne ne passe jamais ici en hiver… Et puis une petite chose : j'ai pris tes chaussures !

L'homme s'en va. Nina entend le moteur d'une motoneige qui s'éloigne. La jeune fille soupire : elle est libre. Et surtout, elle ne veut pas se laisser décourager. Elle doit d'abord prendre des forces. Elle va commencer par manger. Elle prend un morceau de comté. Elle pense à Pierre, son grand-père, et à ce qu'il lui dit toujours :

— Notre comté, s'il est si bon, c'est parce qu'ici les vaches, elles dégustent plus de mille fleurs différentes…

Déjà, Nina se sent beaucoup mieux. Elle doit sortir d'ici ! Elle va vers la porte en sautant sur un seul pied. Le type doit être convaincu qu'elle ne partira pas : il n'a même pas fermé la porte à clef. Vraiment, il ne connaît pas Nina ! Il ne sait pas ce dont elle est capable.

L'adolescente ouvre la porte. Dehors, c'est la Sibérie. Le chalet est en pleine forêt. Elle remarque aussi qu'il a beaucoup neigé. Il y a plusieurs centimètres de poudreuse. Nina ne peut pas sortir sans équipement. Elle cherche dans la pièce ce qu'elle pourrait mettre autour de ses pieds à la place de ses chaussures.

L'angoisse monte petit à petit dans sa poitrine. Elle se sent prisonnière. Que pourrait-elle faire ? Comment pourrait-elle se sauver ? Elle ne trouve aucune solution.

Le temps ne passe pas vite dans ce tout petit chalet perdu au milieu de la forêt. Pourtant, plus le temps passe et plus Nina a peur de se retrouver avec l'homme. Que va-t-il faire d'elle ? Nina retourne vers

---

* **mettre son nez partout** *(pop.)* : fouiller.

la porte. Comment peut-elle quitter cet endroit ? Elle entend un petit bruit, là-bas, derrière les arbres. C'est peut-être un animal…

— Mademoiselle Nina !
La jeune fille sursaute. Elle reconnaît cette voix. Une silhouette avance. C'est le vieux Marseillais !
— Mademoiselle Nina ! répète-t-il.
L'homme a l'air aussi surpris que la jeune fille.
— Excusez-moi ! J'ai voulu y aller tout seul ! C'était une erreur. J'aurais dû vous demander.
— Aller où ? demande Nina.
Le Marseillais la regarde bizarrement, puis il continue :
— J'ai voulu refaire le chemin que j'avais pris en 1944 avec les autres enfants… Mais là, je me suis perdu. Je m'excuse de vous demander ça maintenant, mais est-ce que vous pouvez m'aider…
Nina pâlit[8].
— Quelque chose ne va pas ? demande-t-il.
— Comment vous expliquer ? commence-t-elle.
Nina raconte tout ce qui lui est arrivé depuis le jour où elle a emmené le groupe du Marseillais en randonnée dans le Risoux.
Le vieux Marseillais réfléchit.
— Avec votre pied, vous ne pouvez pas marcher. Il faut appeler les secours. J'ai un portable. Tenez !
— Merci. Je vais téléphoner à mon grand-père.
Nina prend le portable et découvre qu'il n'est que 15 heures. Là, en pleine forêt, elle avait cru qu'il était déjà plus tard. Mais le temps n'a pas passé aussi vite qu'elle se l'était imaginé. Elle fait le numéro de Pierre. Mais celui-ci est sur boîte vocale[9]. Elle laisse un message :
— Papi, rappelle-moi sur ce portable. S.O.S., Jura en danger ! Appelle les gendarmes, s'il te plaît. On me séquestre !
Nina raccroche[10].
— Il doit être à la ferme… à Longchaumois. J'espère qu'il n'a pas oublié son portable… Je vais appeler au restaurant de ma grand-mère. Il y a toujours quelqu'un là-bas.
Mais au restaurant, personne ne répond.

— C'est bizarre.
— Ne vous inquiétez pas. Votre grand-père va vous rappeler. Il est d'ailleurs peut-être…
Le portable sonne. Nina décroche[11].
— Allô, papi ? Oui, c'est moi, Nina. Papi, je sais pas où je suis…
En face d'elle, le Marseillais lui fait des signes qu'elle ne comprend pas tout de suite.
— Enfin, je suis quelque part[12] dans le Risoux… Je ne sais pas si je suis en France ou en Suisse. Tu sais, là où les Juifs passaient pendant la guerre. C'est monsieur…
— Monsieur Amsallem. Émile Amsallem !
— Monsieur Amsallem que j'ai rencontré… Oui, par hasard… Mais je ne peux pas partir… Je me suis fait mal à la cheville.
À ce moment-là, Nina entend le bruit de la motoneige qui revient.
— L'homme, il arrive ! J'entends sa motoneige !
Son grand-père a juste le temps de lui dire qu'il arrive la chercher.
— Tiens bon ! dit Pierre. On est déjà en route !
— Cachez-vous, monsieur Amsallem. On ne va pas leur donner un deuxième prisonnier !
— D'accord, j'y vais ! Je sais que vous êtes forte, mademoiselle Nina ! Continuez ! En 44, hein, j'avais dix ans, tout était perdu et je pensais qu'on y arriverait jamais… dit le vieil homme.
Nina est très émue. Elle essaie de surmonter[13] son émotion. En fait, ce sont deux motoneiges qui arrivent près du chalet. Deux hommes en descendent. Nina voit les traces de pas[14] du vieux Marseillais devant le chalet. Les deux hommes vont les remarquer ! Elle doit trouver un stratagème[15]. Elle ouvre la porte d'entrée et se laisse tomber dans la neige.
— La fille ! dit l'un des deux hommes. Qu'est-ce qu'elle a ?
— Vite ! On y va !

Un traîneau tiré par des samoyèdes.

11 Les deux hommes ont porté Nina dans le chalet, sur le divan. Ils doivent penser qu'elle a perdu connaissance[1].

— Tu crois qu'elle a quelque chose, Max ? demande celui que Nina connaît.

— Elle est glacée, Phil ! Il manquait plus que ça, une gamine blessée et malade ! dit l'homme que Nina n'a jamais vu. Il faut vraiment qu'on s'en débarrasse[2] vite.

Nina se concentre très fort pour ne pas réagir à ce qu'elle entend.

— Bon, Max, je téléphone à Gérard ! Merde, y'a pas de réseau ! Quelle galère ! Je vais essayer dehors…

— De toute façon, Gérard, il l'a dit ! Maintenant, tout est réglé[3]. Alors, la gamine*, on s'en fout !

— Moi, je veux être sûr que tout a été détruit et que la marchandise est arrivée à destination, ok ?

On entend tout à coup un bruit de moteur à l'extérieur.

— Merde, ce n'est pas possible, pas ici, quelqu'un nous pique[4] une motoneige !

* **une gamine :** une enfant.

— C'est un vieux qui s'en va avec ta motoneige ! T'avais laissé les clefs dessus ! Mais quel abruti[5] !
— Je vais le rattraper…
— J'y vais avec toi ! Il faudra bien ramener ma motoneige ! La fille va pas partir…
Les deux hommes sortent du chalet. Nina ne se lève que lorsqu'elle n'entend plus aucun bruit. Elle sent que son pied lui fait de plus en plus mal. Il est devenu violet foncé. Mais elle ne pense qu'à monsieur Amsallem. Est-ce qu'il réussira à semer[6] les deux hommes et à appeler au secours ? Elle se demande d'ailleurs si cette initiative est une bonne idée.
Tout à coup, elle entend aboyer[7] dehors. Elle regarde par la fenêtre. Elle n'en croit pas ses yeux ! Elle voit un traîneau tiré par des chiens. Elle reconnaît Baloo, Artic, Sandy, Taïga, Oupsy et… Java. Elle voit son grand-père qui marche vers la maison. Derrière lui, il y a aussi Kévin. Nina saute sur son pied pour aller ouvrir la porte.
— Papi !
Pierre prend sa petite-fille dans ses bras.
— C'est fini maintenant ! Tout va bien !
Nina sent que les larmes lui montent aux yeux. Mais elle ne veut pas pleurer. Kévin est tout près.
— Comment vous avez fait pour me retrouver ?
— C'est une longue histoire, mais on te la racontera plus tard. On ne va pas rester là. Je vais te porter sur le traîneau…
— Et monsieur Amsallem ? demande Nina.
— Qui ?
— Le vieux monsieur marseillais…
— Ne t'inquiète pas ! Grâce à lui, nous avons pu venir te chercher. C'est un pro du volant, un champion de sports motorisés !
Pierre dépose Nina sur la pulka[8]. En tête du cortège[9], Java aboie très fort.
— Oui, merci, Java ! Tu es un bon chien ! lui dit Nina.
Kévin sourit. Nina a l'impression que ses yeux n'ont jamais été aussi verts.
— C'est mon baptême[10] de musher, alors ! s'exclame l'adolescente.
— Je te l'avais promis, non ? rigole Pierre.
— Oui, c'est vrai ! Alors, on y va ! Marche !

Une motoneige.

12

Jeanne fait vraiment la tête* quand elle entre aux *Tavaillons*. Dans la salle du restaurant, il y a bien quelques clients, mais la jeune fille ne voit que la table où sont installés Pierre, Nina, Kévin, Yvette et monsieur Amsallem.

— Salut, Jeanne ! Qu'est-ce qui t'arrive ? demande Nina. Ça ne va pas ?

— Ça, c'est sûr, ça ne va pas du tout ! Pourquoi tu n'as pas attendu que je revienne ? C'est moi, ton garde du corps[1] !

— Je suis désolée, Jeanne, dit Nina.

— J'ai quand même pas fait cinq ans de jujitsu pour rien ! Pour une fois que je pouvais mettre en pratique mes connaissances !

Jeanne pouffe de rire[2].

— Mais, non, je rigole ! explique-t-elle. Je suis trop contente que tu sois revenue entière ! Allez, raconte !

— En fait, c'étaient des déchets toxiques, des herbicides et des pesticides interdits en Europe. Ces types continuaient à les vendre entre le Maghreb et l'Europe de l'Est, et même en France et en Suisse où des agriculteurs véreux[3] continuaient de les utiliser.

---

* **faire la tête** : ne pas être content.

S.O.S., Jura en danger !

— Ces réseaux fonctionnent sur le modèle du trafic de drogue. Ils sont internationaux, explique Kévin.
— Incroyable ! s'exclame Jeanne.
— Grâce à mademoiselle Nina, ajoute monsieur Amsallem, une quinzaine de personnes ont déjà été arrêtées.
— Appelez-moi Nina, s'il vous plaît, monsieur Amsallem !
— Et moi Émile, alors !
— D'accord, Émile !
— Mais pourquoi ont-ils laissé ces sacs ici, sur le massif du Risoux ? demande Yvette.
— En fait, il y a eu un problème entre deux types, raconte Pierre. Un intermédiaire suisse a accusé un certain Gérard de Pontarlier de ne pas lui donner les bons produits. Bref, ça a dégénéré[4] ! Le chauffeur, un homme qui ne connaissait pas du tout la région, a jeté des produits dans la forêt du Risoux.
— De vrais amateurs[5] en tout cas ! remarque monsieur Amsallem.
— Oui, heureusement qu'ils ont été vraiment bêtes ! dit Kévin.
— Le problème, c'est que ces produits donnent le cancer et plein de maladies ! dit Pierre.

PISTE 25

— Et comment vous avez récupéré Nina, alors ? demande Jeanne.
— Ah, Nina a eu de la chance ! dit Pierre. D'abord, Kévin a eu un pressentiment[6]. Il a pensé que Nina allait retourner toute seule dans la forêt… Alors, il y est allé !
— Merci, Kévin ! dit Nina.
Elle rougit[7].
— Quand je t'ai quittée, j'étais sûr que tu allais partir toute seule. Tu nous avais raconté où tu avais découvert les sacs, explique Kévin. C'est comme ça que j'ai pu les retrouver. Quand je suis arrivé, j'ai compris que tu étais déjà passée et qu'il était arrivé quelque chose…
— Kévin m'a appelé, continue Pierre. J'étais en randonnée avec les chiens. J'ai laissé mon groupe et j'ai retrouvé Kévin là-bas. C'est là qu'il m'a raconté l'agression devant le restaurant, la veille au soir…
— Excuse-moi, papi ! dit Nina.

— C'est sûr que tu aurais dû en parler. Bref, j'ai appelé les gendarmes et, avec Kévin, on est partis ! On a suivi les traces dans la neige, mais ça n'a rien donné. On t'a cherchée toute la journée. Quand j'ai reçu ton message sur mon portable, on a compris que tu devais être entre Chapelle des Bois et le Brassus, puisque monsieur Amsallem t'avait rencontrée. Puis, on a croisé deux types en motoneige. On les a suivis car tu nous avais parlé de motoneige. J'ai appelé monsieur Amsallem. Il m'a dit que deux types étaient avec toi dans le chalet. J'ai appelé les gendarmes. Ils m'ont demandé de ne rien faire. On ne savait pas si ces types étaient dangereux, s'ils avaient des armes…

— Mais Monsieur Amsallem nous a proposé de les éloigner[8] du chalet : il a volé une motoneige, raconte Kévin… Il a eu une super idée !

— Je suis un ancien motard ! explique Émile Amsallem.

— Un ancien champion de rallye aussi ! ajoute Pierre.

— Toute ma vie, j'ai fait des sports motorisés. Les deux types ont essayé de me rattraper, mais on est tombés sur les gendarmes qui les ont arrêtés.

— Pendant ce temps-là, nous avons retrouvé Nina et nous sommes rentrés à la maison avec elle ! Voilà toute l'histoire !

— Quelle aventure ! s'exclame Jeanne. Dommage que je n'étais pas avec vous !

— Et le train des Hirondelles, alors ? demande Nina.

— Super ! J'ai eu un peu le vertige sur les viaducs. Mais c'était quand même plus tranquille que pour toi dans le Risoux !

Nina rit et, avec elle, tout le monde autour de la table.

— On va peut-être manger maintenant ! dit Yvette.

La porte du restaurant s'ouvre. Un homme entre.

— Papa ! crie d'abord Nina.

Puis la jeune fille demande :

— Il est au courant[9] ?

— Non, il ne sait rien du tout ! chuchote Pierre. Tu vas tout lui raconter. Ça lui fera un drôle de cadeau de Noël !

Chapitre 1

1. Qui est Nina ?

	vrai	faux
Nina habite en Suisse avec ses parents.		
Elle va passer les vacances de Noël chez ses grands-parents.		
Pierre et Yvette vivent dans une ferme.		
Nina a une sœur et un frère.		
Sa mère travaille à Genève.		
Son père vit à Annecy.		
Nina a deux passions dans la vie : le ski et l'écologie.		

2. Lisez ces deux textes. Lequel résume le mieux le chapitre 1 ?

Résumé 1 ☐

Ce sont les vacances de Noël. Nina et son petit ami prennent le bus pour passer les fêtes de fin d'année dans une ferme écologique à Longchaumois. Nina va skier avec son grand-père qui est moniteur de ski. Elle est heureuse de rentrer en France mais ne veut pas voir sa grand-mère avec qui elle ne s'entend pas bien.

Résumé 2 ☐

Ce sont les vacances de Noël. Nina va passer les fêtes de fin d'année dans la ferme de ses grands-parents à Logchaumois. Interne dans un lycée français en Suisse depuis le divorce de ses parents, elle ne s'entend pas bien avec sa mère. Elle est heureuse de rentrer en France et de retrouver sa grand-mère Yvette.

3. Parlez-vous le franco-suisse ?

Trouvez dans le chapitre, les mots ou expressions suisses et français qui correspondent à la définition.

	France	Suisse
Nina le dit quand elle réalise qu'elle a oublié quelque chose.		
C'est sept fois dix.		
Le père des parents.		
C'est le garçon qu'une fille aime.		
On passe ce diplôme avant d'étudier à l'université.		
On le dit quand on se quitte.		
Expression pour dire que quelque chose est très bien.		

Chapitre 2

1. Cochez la bonne réponse.

a Quelle est la surprise de Pierre pour Nina ?

- [ ] Un nouveau chien.
- [ ] Un repas au restaurant.
- [ ] Un voyage en Sibérie.

b Pierre a promis à Nina de lui apprendre à…

- [ ] conduire un traîneau.
- [ ] faire du ski avec les chiens.
- [ ] s'occuper des nouveaux chiens.

c Yvette est sympa mais…

- [ ] elle déteste les chiens.
- [ ] elle ne sait pas cuisiner.
- [ ] elle veut toujours aider.

d Les cinq jeunes énervent Nina parce qu'ils…

- [ ] critiquent son projet.
- [ ] donnent des tracs aux touristes.
- [ ] ne veulent rien faire pour la planète.

2. Cherchez dans le chapitre, les traits de caractère qui définissent Jeanne.

Jeanne : _____

✋ Projet Internet

Cherchez sur Internet la chanson de Yannick Noah « Aux arbres citoyens ».

Quels mots associez-vous au thème de l'environnement ? Relevez les problèmes écologiques mentionnés dans cette chanson. Quels sont ceux qui concernent votre pays ? Faites la liste des choses que vous souhaitez faire pour protéger l'environnement.

Chapitre 3

1. Quelles sont les phrases qui ne correspondent pas à l'histoire racontée dans le chapitre 3 ?

☐ Le groupe a réservé un guide pour traverser la forêt du Massacre.

☐ Nina s'arrête : c'est l'heure du pique-nique pour tout le monde !

☐ L'adolescente croit d'abord halluciner. Mais, non. Nina découvre bien des sacs poubelles en pleine nature.

☐ Les vacanciers sont en colère : Nina les a fait attendre et, maintenant, elle ne leur dit rien.

☐ Nina ne veut pas donner une mauvaise image de la région aux touristes.

2. Retrouvez dans le chapitre 3 le contraire des mots ci-dessous :

a devant ≠ _____

b facilement ≠ _____

c croyable ≠ _____

d montrer ≠ _____

e normal ≠ _____

f accélérer ≠ _____

g la paix ≠ _____

h vaguement ≠ _____

i sécurisé ≠ _____

3. Écrivez les raisons pour lesquelles ces personnes sont venues passer des vacances dans le Jura.

Nina

Le vieux Marseillais

La famille italienne

Chapitre 4

1. Retrouvez treize mots du chapitre 4 cachés dans la grille ci-dessous.

C	A	P	I	T	A	L	E	A	C	H	I	E	N
V	O	I	C	M	E	H	O	T	E	L	G	G	P
U	C	S	P	I	P	E	D	D	R	L	U	U	R
R	O	U	T	E	I	R	G	E	O	I	E	E	O
M	L	A	S	R	I	F	E	S	G	V	C	R	G
B	E	H	S	K	I	V	E	S	G	R	E	R	R
F	R	O	N	T	I	E	R	E	S	E	R	E	A
S	E	T	E	N	E	O	R	R	M	I	A	N	M
A	P	E	C	O	L	E	E	T	M	T	O	E	M
A	D	O	L	E	S	C	E	N	T	E	A	N	E

2. Remettez les phrases du chapitre dans l'ordre.

☐ Celle-ci avait déjà mangé mais elle a bien voulu prendre le dessert avec Nina.

☐ Nina est donc allée manger aux **Tavaillons** sans Pierre.

☐ Pendant le voyage, Nina a regardé les gens se promener sur le lac des Rousses.

☐ Mais elle n'a pas pu lui donner de détails : son grand-père devait tout de suite rentrer à la ferme.

☐ Cinq des six touristes sont descendus à la station des Rousses.

☐ Quand, enfin, ils ont été seuls dans le minibus, Nina a raconté à Pierre sa discussion avec le vieux monsieur.

☐ Après la promenade à ski, Nina et les touristes sont tous montés dans le minibus de Pierre.

☐ Le dernier, le Marseillais, s'est arrêté à La Cure.

☐ Elle a aussi parlé à son grand-père de sa découverte dans la forêt.

☐ Là, elle a rencontré Jeanne qui l'attendait pour faire du ski avec elle.

Chapitre 5

1. Lisez le résumé suivant et corrigez les informations incorrectes.

> Ce jour-là, il fait un grand soleil. Nina et Jeanne ont rendez-vous aux Rousses. Anne les y conduit en voiture. Jeanne dit à Nina qu'elle connaît une fille comme elle : une écolo qui pense qu'elle peut sauver la planète. Nina n'a pas envie de retourner à la décharge. Mais Jeanne est très curieuse : elle lui demande de bien vouloir l'y emmener. Le chemin jusqu'aux sacs n'est pas facile. C'est Jeanne qui trouve la décharge et qui appelle Nina. De son côté, Nina rencontre un type très sympa : il lui demande si elle travaille pour les pompiers. Elle lui répond quand Jeanne arrive et lui annonce que Pierre n'a toujours pas appelé. Les deux filles s'excusent : elles ne peuvent pas rester dans la forêt. Plus tard, Jeanne explique à Nina qu'elle veut apprendre le jujitsu.
>
> _____
>
> _____
>
> _____

2. Remettez les lettres dans l'ordre pour découvrir des mots du chapitre 5.

SNRBOEAEPSL _____   QTSUTAERE _____

DUPEUOSER _____   IEGLF _____

ELEAGR _____   NSUEIN _____

Chapitre 6

1. Associez chaque mot à sa définition.

tract   télésiège   vachement   recyclage

C'est pas l'affaire du siècle

a. Fait de collecter et réutiliser des déchets. Le _____ .

b. Court document pour sensibiliser les gens à une cause.
Un _____ .

c. Expression utilisée pour parler de quelque chose de peu important.
_____ .

d. Machine mécanique permettant de monter les skieurs en haut des pistes.
Un _____ .

e. Expression familière signifiant « très » : _____ .

2. Kévin envoie un courriel à un ami pour raconter sa matinée. Écrivez ce courriel.

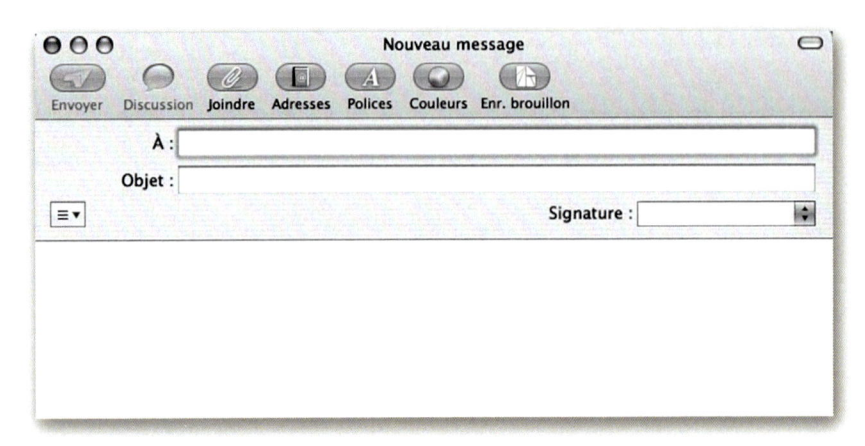

3. Attribuez ces phrases à un ou plusieurs personnages.

	Nina	Kévin	Pierre	Jeanne	Gabriel
...raconte qu'il est en vacances chez son père.					
...est en colère contre Pierre.					
Le matin, ...ont skié plus de trente kilomètres.					
...remarque le garçon aux yeux verts.					
...partent à Morez après avoir mangé aux Rousses.					
...ne s'intéresse pas du tout à la découverte de Nina.					
...a donné l'adresse du journaliste à Nina.					

Chapitre 7

1. Répondez en cochant la bonne réponse.

a Que fait Nina ?

☐ Elle reste longtemps dans son lit.

☐ Elle se lève tôt car il fait très beau.

☐ Elle se réveille car Java fait du bruit.

b Au téléphone, son père lui dit...

☐ de se faire aider par une association.

☐ d'écouter les conseils de son ami Suisse.

☐ de ne plus se promener seule dans la forêt.

c Que va faire le père de Nina ?

☐ Il partira skier à Noël.

☐ Il arrivera la veille de Noël.

☐ Il passera Noël à Saint-Cergue.

d Nina contacte Marco Primus et Martin Blanchard mais...

☐ ils sont absents.

☐ ils ne veulent pas l'aider.

☐ ils n'ont pas de solution à son problème.

2. Associez les phrases.

1 François est inquiet que

2 Yvette a dit

3 Nina essaie de joindre

4 Les vacanciers ont l'air content de

5 Est-ce que Nina a vu quelque chose

a Martin Blanchard de la mairie des Rousses.

b rencontrer une adolescente qui défend la nature.

c qu'elle n'avait pas beaucoup vu Nina depuis son arrivée.

d qu'elle n'aurait pas dû voir.

e Nina ne l'ait pas rappelé.

3. Relisez le chapitre et complétez le résumé avec les mots que vous trouvez.

Nina fait la _____ . Elle s'est peut être fait un _____ à propos des sacs poubelles. Son père lui téléphone. Elle lui fait un récit _____ de sa découverte dans la forêt. Puis, elle part rejoindre _____ à Lamoura. Arrivée en avance, elle a le temps de distribuer des _____ . En chemin vers les *Tavaillons*, un homme commence à la _____ . Nina a peur, son cœur cogne ___ _____ _____ dans sa poitrine.

Chapitre 8

1. Dites si les affirmations suivantes sont vraies ou fausses.

	vrai	faux
Jeanne peut aller manger chez Kévin.		
Jeanne va voyager en train par la ligne des Hirondelles.		
Les jeunes mangent une fondue francomtoise.		
Cassandra et Kévin sont amoureux l'un de l'autre.		
En rentrant aux *Tavaillons*, Nina et Kévin se font agresser.		
Kévin refuse d'accompagner Nina dans la forêt de Risoux.		

2. Complétez les phrases.

1 Jeanne essaie de convaincre Nina _____

2 Jeanne va à Champagnole pour _____

3 Cassandra lance des regards noirs à Nina quand _____

4 Nina se sent si bien qu'elle _____

5 Sabrina a lu dans le journal que _____

6 Les hommes menacent Nina. Si _____

3. Lisez ces deux textes. Lequel résume le mieux le chapitre 8 ?

Résumé 1 ☐

Nina écoute Jeanne et accepte l'invitation de Kévin, même si sa nouvelle amie ne peut pas l'accompagner. La soirée se passe très bien dans la maison du père de Kévin autour d'une fondue. Après, Nina rentre aux *Tavaillons* avec lui ! Mais ils font une mauvaise rencontre.

Résumé 2 ☐

Nina est en colère contre Kévin qui lui a fait vraiment peur. Elle décide d'aller manger chez lui, mais seulement si Jeanne vient avec elle. Celle-ci l'accompagne car, finalement, son père et Anne ne vont pas à Champagmole. Les amis de Kévin ne sont pas très sympas : Nina et Jeanne décident de rentrer aux *Tavaillons*.

Chapitre 9

1. Remettez les phrases du chapitre dans l'ordre.

☐ Nina veut appeler la police mais elle n'a pas de réseau.

☐ Elle retrouve l'endroit où elle a découvert la décharge.

☐ Elle tombe dans la neige.

☐ Elle a bu un thé avec Pierre à 5h30.

☐ Elle a failli manquer l'arrêt des Rousses.

☐ Elle ouvre les sacs remplis de produits chimiques.

☐ Elle aide son grand-père à traire les vaches.

☐ Elle essaie d'éteindre le feu.

👆 Projet Internet

Faites des recherches supplémentaires sur la *Transjeune*. Notez quelques informations comme :

La date et le lieu :

Le nombre de participants :

L'âge des participants :

Le parcours :

Les derniers résultats :

etc.

Chapitre 10

1. Mots croisés.

Horizontal

1. On en fait pour avoir chaud. / Quand il ne neige pas, c'est la couleur du ciel.
2. Télévision en plus court.
3. Quand on quitte la Suisse, on y est. / Beau en SMS.
5. L'hiver, on y va pour skier.
6. J' _____ vu un ours.
7. On fête son 1er jour.
8. Devant le mot neige.
9. Article de ski.
10. Maisons à la montagne. / Je vais _____ Suisse.

Vertical

a. Possessif féminin. / On peut marcher sur celui des Rousses en hiver.
b. Pour l'éviter, il faut bien s'habiller.
c. Je voudrais être à _____ place.
d. On en met un en hiver pour ne pas tomber malade.
g. Le contraire de l'hiver. / On le fête le 25 décembre.
h. On met des lunettes pour les éviter. / La neige en devient quand il fait chaud.
i. Il _____ neige pas aujourd'hui.
j. Les skieurs en portent.

Chapitre II

1. Dites si les affirmations suivantes sont vraies ou fausses.

	vrai	faux
Les deux hommes veulent emmener Nina avec eux.		
Monsieur Amsallen s'enfuit avec une motoneige.		
Nina a de plus en plus mal au pied.		
Kévin n'a pas pu venir chercher Nina dans la forêt.		

2. Complétez les phrases.

a Les deux hommes quittent le chalet pour _____ .

b Ils laissent Nina seule car _____ .

c Quelle surprise pour Nina quand _____ .

d Pierre porte sa petite-fille sur le traîneau parce que _____ .

Chapitre 12

1. Lisez ces définitions et retrouvez les mots dans le chapitre.

a Un produit mauvais pour l'environnement est un produit _____ .

b Adjectif qui caractérise une personne malhonnête : _____ .

c Désigne une personne qui n'est pas professionnelle : _____ .

d Quand on pense que quelque chose va arriver, on a un _____ .

e Quand on a peur du vide, on a le _____ .

2. Vous êtes journaliste. Vous écrivez un court article qui s'intitule « La police arrête un trafic de pesticides grâce à une adolescente ».

Dossier culturel

Un département à découvrir

Le département du Jura se trouve entre plaine et montagne. Ce département de Franche-Comté situé dans le massif du Jura est frontalier avec la Suisse. La principale ville de ce département est Lons-le-Saunier, mais en fait « S.O.S., Jura en danger » se déroule principalement à Morez et ses alentours. Cette petite ville du Haut-Jura (moins de 6000 habitants), en plein cœur du parc naturel homonyme, est entourée de montagnes et de viaducs par où passe la Ligne des Hirondelles. Cette ligne de chemin de fer est célèbre car elle traverse quelque 36 tunnels et 15 viaducs ! Mais Morez est aussi connue pour avoir été au XIXe siècle la capitale de l'horloge franc-comtoise et aujourd'hui de la lunette !

Cherchez sur Internet des renseignements sur la Ligne des Hirondelles. À quoi doit-elle son nom ? Quand et pourquoi a-t-elle été construite ?

Que savez-vous des horloges franc-comtoises ? Savez-vous qu'on ne les fabrique plus ? À votre avis, pour quelle(s) raison(s) ?

Les parcs naturels de France

Morez se trouve dans le parc naturel du Jura. En France, il y a vingt parcs naturels. Ces parcs sont distribués sur l'ensemble de l'Hexagone. Ils jouent un rôle très important pour la préservation des espaces naturels et garantissent le développement des zones qu'ils intègrent dans le respect de l'environnement.

Généralement, les responsables de la gestion de ces parcs naturels proposent d'accompagner les acteurs économiques dans la mise en place d'activités artisanales ou industrielles tout en sauvegardant la faune et la flore des lieux ; ils permettent de développer des activités sportives et touristiques qui, elles aussi, sont d'importantes sources de revenu pour la région.

Ces parcs ont souvent permis de rédynamiser des régions en crise. On a vu des maisons abandonnées se transformer en gîtes ruraux, des chemins embroussaillés devenir des sentiers de randonnées, des villages sans vie retrouver un second souffle parce que des petites boutiques ou restaurants ont ouvert pour répondre à la demande des touristes.

Cherchez sur Internet des renseignements sur les parcs naturels de France. Citez-en trois et décrivez-les brièvement en mettant en avant leur situation geographique et leurs particularités.

Connaissez-vous des parcs naturels dans votre pays ou ailleurs ? Qu'en pensez-vous ?

Dossier culturel

Une recette franc-comtoise : la fondue

Le Jura se situe dans la région de Franche-Comté. Cette région est connue pour certaines spécialités culinaires, la plus connue étant sans aucun doute la fondue franc-comtoise.

Pour 5 personnes | Préparation : 20 minutes | Cuisson : 35 minutes

Ingrédients :
– 1 kg de Comté, coupé en petits cubes
– 3 grands verres de vin blanc sec du Jura
– 5 cl de Kirsch
– 1 gousse d'ail
– poivre
– muscade
– pain rassis à volonté

Préparation :
1. Frotter un poêlon à fondue avec l'ail et laisser l'ail dedans.
2. Ajouter fromage et vin dans le poêlon, faire chauffer en remuant sans cesse avec une spatule en bois jusqu'à ce que le Comté soit fondu. Ajouter le poivre, une pincée de muscade et le Kirsch..
3. Quand elle est très lisse et homogène, porter sur la table sur le réchaud à fondue où les convives tremperont leurs croûtons de pain rassis.

Il existe d'autres recettes de la fondue. Cherchez-en sur Internet et n'hésitez pas à en préparer une. Vous adorerez et vos invités aussi !

Célébrités du Jura

Le Jura n'est pas simplement célèbre pour ses paysages de montagnes, ses horloges ou sa gastronomie, il l'est aussi grâce à des personnalités qui ont marqué des périodes différentes dans de nombreux domaines.

Né à Dole (Jura) en 1822, Louis Pasteur est un des pères de la microbiologie. Il a fait des nombreuses recherches sur la fermentation et s'est intéressé aux principales infections animales. Il a donné naissance au système de pasteurisation qui a permis la conservation alimentaire et il a découvert la vaccination contre la rage en 1885.

On pourra entre autre retenir, en Histoire de France, Rouget de Lisle ou dans le monde des sciences, Louis Pasteur. Le Jura a aussi produit de grands noms de la littérature française comme Bernard Clavel. C'est également une terre d'hommes politiques, d'hier comme Edgar Faure ou d'aujourd'hui, comme Dominique Voynet et Jean-Luc Mélenchon.

Connaissez-vous ces noms ? Cherchez sur Internet des renseignements sur l'une de ces personnalités ou plusieurs d'entre elles. Quelle est celle qui est pour vous la plus intéressante ?

Dossier culturel

Sports d'hiver

Une grande partie de l'histoire se déroule dans ou sous la neige. Les personnages skient, glissent ou patinent... Les montagnes enneigées de ces aventures sont aussi un lieu privilégié pour la pratique de nombreuses activités sportives, collectives ou individuelles. Les Français en sont particulièrement friands. Nombreuses sont les écoles qui organisent des classes de neige : les élèves partent avec leur professeur pendant une semaine pour s'initier au ski ou à la marche avec des raquettes. Les adultes aussi apprécient et il y a une véritable ruée vers les stations de ski, surtout aux mois de février et mars. Un film incontournable de la culture cinématographique a d'ailleurs ironisé ce goût pour les vacances d'hiver dans des stations alpines, il s'agit de « Les bronzés font du ski » (Patrice Leconte, 1979).

Mais les sports d'hiver, c'est aussi une évocation des Jeux Olympiques. Tout le monde en France se souvient des Jeux de Chamonix (1924), de Grenoble (1968) et d'Albertville (1992).

Dressez la liste des différents sports de neige ou de glace qu'on peut trouver aux Jeux Olympiques. Faites deux colonnes, écrivez ces noms dans la colonne de gauche et traduisez-les dans votre langue dans la colonne de droite.

Votre pays a-t-il participé aux Jeux olympiques de Chamonix, de Grenoble ou d'Albertville ? A-t-il remporté des médailles ? Savez-vous où ce sont tenus les derniers Jeux Olympiques ? Et où auront-ils lieu les prochains Jeux Olympiques ?

La saga cinématographique des « Bronzés » est très connue en France. Elle dénote un certain humour fait de gags et de situations quotidiennes poussées à l'extrême. Vous pouvez en trouver des extraits sur Internet. Visionnez-les. Que pensez-vous de ce genre d'humour ?

Les établissements scolaires de votre pays organisent-ils des sorties ou semaines spéciales, à la montagne ou la mer par exemple ? Pensez-vous que ce soit une bonne chose ?

GLOSSAIRE

S.O.S., Jura en danger !

Français	Anglais	Espagnol	Italien

Chapitre 1

Français	Anglais	Espagnol	Italien
[1] **être chargé comme un mulet**	to be loaded (with)	ir cargado como una mula	essere carico come una molla
[2] **bonnet à pompon** (m.)	bobble hat	gorra con borla	berrettino con pompon
[3] **charrette !**	damn !	¡vaya!	caspita!
[4] **jumelles** (f. pl.)	binoculars	prismáticos	binocolo
[5] **soudain**	suddenly	de repente	all'improvviso
[6] **chuchoter**	to whisper	susurrar	bisbigliare
[7] **bonard !** (suisse)	cool !/Neat !	¡maravilloso!	che forte!
[8] **pareillement** (suisse)	you too	igualmente	anche a te
[9] **écolo** (m.) (fam.)	ecologist	ecologista	ecologista
[10] **tract** (m.)	flyer	octavilla	volantino
[11] **vitre** (f.)	window	cristal	finestrino
[12] **réveillon** (m.)	Christmas Eve (party)	Nochebuena	Natale
[13] **dispersé**	scattered	repartido	disperso
[14] **apaisant**	soothing	relajante	rilassante
[15] **tête à tête**	one to one/alone with	a solas	a tu per tu
[16] **être à cheval sur qc**	to be a stickler for sth	ser muy estricto con algo	essere a cavallo di
[17] **antiquaire** (m.)	antique shop	anticuario	antiquario
[18] **brocanteur** (m.)	secondhand goods dealer	chamarillero	rigattiere
[19] **marché aux puces** (m.)	flea market	mercadillo	mercato delle pulci
[20] **faubourg** (m.)	suburb/outskirts	arrabal	sobborgo
[21] **se sentir sur la même longueur d'onde**	to be on the same wave length	estar en la misma onda	sentirsi sulla stessa lunghezza d'onda
[22] **avoir hâte**	can hardly wait to	estar impaciente	non vedere l'ora di
[23] **s'engager sur**	to move into	entrar en	imboccare qc
[24] **serré**	sharp	angosto	stretto
[25] **doubler**	to overtake/to pass	adelantar	sorpassare

78

S.O.S., Jura en danger !

GLOSSAIRE

Français	Anglais	Espagnol	Italien
[26] **cimetière** (m.)	cimetary	camposanto	cimitero
[27] **sport motorisé** (m.)	motorized sports	deporte a motor	sport motorizzato
[28] **polluer**	to pollute	contaminar	inquinare
[29] **moniteur de ski** (m.)	ski instructor	monitor de esquí	maestro di sci

Chapitre 2

[1] **scintiller**	to glisten/to sparkle	brillar	scintillare
[2] **déchets** (m. pl.)	rubbish/garbage	basura	rifiuti
[3] **chien de traîneau** (m.)	sleigh dog	perro de trineo	cane di slitta
[4] **ski de fond** (m.)	cross country skiing	esquí de fondo	sci di fondo
[5] **s'élancer**	to start/to dash	arrancar	slanciarsi
[6] **écarquiller les yeux**	to open one's eyes wide	abrir los ojos como platos	sgranare
[7] **canette** (f.)	can	lata	lattina
[8] **éprouver**	to feel	experimentar	sentire
[9] **chahuter**	to heckle	abuchear	disturbare
[10] **bonne sœur** (f.)	nun	hermana de la caridad	suora
[11] **mégot** (m.) (fam.)	(cigarette) butt	colilla	mozzicone
[12] **trier**	to sort out	seleccionar	fare la raccolta differenziata
[13] **ne pas être le genre de qn**	not one's style	no ser el tipo de alguien	non essere del genere di qcn
[14] **glisser**	to slide	patinar	scivolare
[15] **avoir l'impression de**	to have the feeling that	tener la impresión de	avere l'impressione di
[16] **embêter**	to pester/to bother	fastidiar	scocciare
[17] **s'étrangler**	to be speechless	atragantarse	soffocarsi
[18] **raffoler de qc**	to be mad about sth	volverse loco por algo	andare matto per qcn
[19] **cendrier** (m.)	ashtray	cenicero	posacenere

Chapitre 3

[1] **en avoir le cœur net**	to have a clear mind about it	comprobar algo	accertarsi
[2] **clairière** (f.)	clearing	claro	radura

GLOSSAIRE

S.O.S., Jura en danger !

Français	Anglais	Espagnol	Italien
[3] **décharge** (f.)	dump/rubbish	descarga	discarica
[4] **bouleversé**	upset	afectado	sconvolto
[5] **se dépêcher de faire qc**	to hurry to do sth	apresurarse a hacer algo	fare in fretta per fare qc
[6] **rejoindre qn**	to meet up with sb	reunirse con alguien	raggiungere qcn
[7] **ralentir**	to slow down	aminorar	rallentare
[8] **escarpé**	precipitous	abrupto	scosceso
[9] **horloger** (m.)	clockmaker	relojero	orologiaio
[10] **balbutier**	to stammer	balbucear	balbettare
[11] **voie** (f.)	way	camino	via
[12] **filière** (f.)	ring/network	organización	fila
[13] **ému**	moved	emocionado	commosso

Chapitre 4

[1] **gelé**	frozen	helado	gelato
[2] **promeneur** (m.)	rambler	excursionista	passeggiante
[3] **algue** (f.)	seaweed	alga	alga
[4] **bulle d'air** (f.)	air bubble	burbuja	bolla di aria
[5] **à travers**	through	a través de	attraverso
[6] **oser**	to dare	atreverse	osare
[7] **émouvant**	touching/moving	conmovedor	commovente
[8] **pousser un cri**	to let a cry out	dar un grito	lanciare un grido
[9] **gourmandise** (f.)	gluttony	glotonería	gola
[10] **pénible** (m., f.)	tiresome	pesado	noioso
[11] **éclairé**	to be lighted	iluminado	illuminato
[12] **râler**	to moan	refunfuñar	brontolare

Chapitre 5

[1] **flocon** (m.)	(snow)flake	copo	fiocco
[2] **couche de poudreuse** (f.)	layer of powdery snow	capa de nieve en polvo	strato di neve polvere
[3] **côte** (f.)	hill	cuesta	costa

S.O.S., Jura en danger !

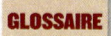

GLOSSAIRE

Français	Anglais	Espagnol	Italien
[4] **veille** (f.)	day before	víspera	vigilia
[5] **s'enfoncer**	to sink (snow)	hundirse	sprofondare
[6] **pot** (m.)	tin (of paint)/ container	bote	vaso
[7] **se répandre**	to spread	esparcirse	spargersi
[8] **craquer**	to break	crujir	scricchiolare
[9] **sursauter**	to jump	sobresaltarse	sussultare
[10] **gifle** (f.)	slap	bofetada	schiaffo
[11] **avoir le souffle coupé**	to gasp	cortarse la respiración	restare senza parole
[12] **feinte** (f.)	pretence	señuelo	bugia
[13] **être futé**	to be astute	ser astuto	essere furbo
[14] **déranger**	to disturb	molestar	disturbare
[15] **prise** (f.)	hold	llave	presa

Chapitre 6

Français	Anglais	Espagnol	Italien
[1] **stupeur** (f.)	astonishment	estupor	stupore
[2] **ne pas en croire ses yeux**	can't believe one's eyes	verlo para creerlo	non credere ai propri occhi
[3] **farce** (f.)	joke	broma	scherzo
[4] **plaisanterie** (f.)	joke	broma	scherzo
[5] **en vain**	in vain	en vano	invano
[6] **tournée** (f.)	round	ronda	giro
[7] **collecte** (f.)	collection (of waste)	recogida	raccolta
[8] **pressé**	(to be) in a hurry	con prisas	frettoloso
[9] **militante écolo** (m., f.)	environmental (green) activist	militante ecologista	militante ecologista
[10] **éreintant**	exhausting	extenuante	stremante

Chapitre 7

Français	Anglais	Espagnol	Italien
[1] **faire la grasse matinée**	to sleep in	levantarse tarde	svegliarsi tarde la mattina
[2] **détaillé**	detailed	detallado	dettagliato
[3] **attraper froid**	to get cold	coger frío	prendere freddo

GLOSSAIRE

S.O.S., Jura en danger !

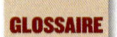

Français	Anglais	Espagnol	Italien
[4] sautiller	to hop/to skip	dar saltitos	saltellare
[5] être frigorifié	to be freezing/frozen	estar helado	essere
[6] traits du visage (m. pl.)	features	facciones	tratti della faccia
[7] cogner	to beat	golpear	battere
[8] à toute allure	very fast	a toda velocidad	in fretta e furia

Chapitre 8

Français	Anglais	Espagnol	Italien
[1] têtu	stuburn	testarudo	testardo
[2] s'indigner	to be indignant/outraged	indignarse	indignarsi
[3] agresser	to attack/assault	agredir	aggredire
[4] LOL (laughing out loud)	LOL (laugh out loud)	me parto de risa	LOL (Laugh Out Loud) morto dal ridere
[5] hirondelle (f.)	sparrow	golondrina	rondine
[6] faire la moue	to pout	poner mala cara	storcere il naso
[7] francomtois	from Franche-Comté	de la región de Franche-Comté	della regione Franche-Comté
[8] rassurer	to reassure	tranquilizar	rassicurare
[9] ivre (m., f.)	drunk	ebrio	ubriaco
[10] bémol (m.)	(only) drawback	fallo	nota stonata
[11] engagement (m.)	engagement	compromiso	impegno
[12] convertir qn à qc	to convert (convince) sb about sth	convencer a alguien de algo	convertire qcn in qc
[13] panneau solaire (m.)	solar panel	placa solar	panello solare
[14] potager (m.)	vegetable garden	huerto	orto
[15] débile	stupid	inútil	debole
[16] nappe phréatique (f.)	groundwater	capa freática	falda freatica
[17] robinet (m.)	tap	grifo	rubinetto
[18] être en procès	to be on trial	tener un pleito	essere in causa
[19] accroché	to hang/to cling	agarrado	attaccato
[20] plaque de verglas (f.)	black ice	placa de hielo	lastra di ghiaccio
[21] frimeur	show-off	reído	sbruffone

S.O.S., Jura en danger !

GLOSSAIRE

Français	Anglais	Espagnol	Italien
[22] **tissu** (m.)	cloth	tela	tessuto
[23] **effet de surprise** (m.)	element of surprise	efecto sorpresa	effetto sorpresa

Chapitre 9

Français	Anglais	Espagnol	Italien
[1] **chasser**	to hunt	cazar	cacciare
[2] **roux**	red haired/ginger	pelirrojo	rosso
[3] **ange-gardien** (m.)	gardant angel	ángel de la guarda	angelo custode
[4] **inquiéter**	to worry	inquietar	preoccupare
[5] **traire**	to milk	ordeñar	mungere
[6] **songer**	to muse on	pensar	pensare
[7] **réseau** (m.)	server	cobertura de red	rete
[8] **épais**	thick	espeso	denso

Chapitre 10

Français	Anglais	Espagnol	Italien
[1] **couverture** (f.)	blanket	manta	coperta
[2] **avoir une sale tête**	to look evil	tener cara de pocos amigos	avere una brutta faccia
[3] **lâcher**	to let out	soltar (decir)	lasciare
[4] **enflé**	swollen	hinchado	gonfiato
[5] **se coincer la cheville**	to sprain one's ankle	torcerse el tobillo	slogarsi la caviglia
[6] **prévenir**	to warn	advertir	prevenire
[7] **déconseiller**	to advise against	desaconsejar	disconsigliare
[8] **pâlir**	to turn pale	palidecer	impallidire
[9] **boîte vocale** (f.)	answer phone	buzón de voz	segreteria telefonica
[10] **raccrocher**	to hang up	colgar	riattaccare
[11] **décrocher**	to take the receiver	descolgar	rispondere
[12] **quelque part**	somewhere	en alguna parte	qualche parte
[13] **surmonter**	to overcome	superar	controllare
[14] **trace de pas** (f.)	footprints	rastro de pasos	traccia di passo
[15] **stratagème** (m.)	ploy	estratagema	stratagemma

GLOSSAIRE

S.O.S., Jura en danger !

Français	Anglais	Espagnol	Italien
Chapitre 11			
[1] perdre connaissance	to faint	perder el conocimiento	perdere conoscenza
[2] se débarrasser de qn	to get rid of sb	deshacerse de alguien	sbarazzarsi di qcn
[3] être tout réglé	it's all resolved	estar todo en orden	essere tutto a posto
[4] piquer (fam.)	to steal	robar	pregare
[5] abruti (m., f.) (fam.)	moron	atontado	idiota
[6] semer	to lose	librarse	seminare
[7] aboyer	to bark	ladrar	abbaiare
[8] pulka (f.)	sled	trineo	slitta
[9] cortège (m.)	procession	séquito	corteo
[10] baptême (m.)	baptism	bautizo	battesimo
Chapitre 12			
[1] garde du corps (m.)	body guard	guardaespaldas	guardia del corpo
[2] pouffer de rire	to giggle	reír a carcajadas	scoppiare a ridere
[3] véreux	unreliable/corrupt	sospechoso	maledetto
[4] dégénérer qc	to get out of hand	empeorar algo	degenerare qc
[5] amateur (m., f.)	amateur	principiante	dilettante
[6] pressentiment (m.)	hunch/premonition	presentimiento	presentimento
[7] rougir	to blush	enrojecer	diventare rosso
[8] éloigner	to keep at bay	alejar	allontanare
[9] être au courant	to be informed	estar al corriente	essere al corrente

Notes

Notes

Notes

Ce roman a été
imprimé au
printemps 2012